No sólo de pan

Reflexiones diarias para Cuaresma 2025

Daniel P. Horan

Traducido por
Luis Baudry-Simón

LITURGICAL PRESS
Collegeville, Minnesota

litpress.org

Nihil Obstat: Rev. Robert C. Harren, J.C.L., *Censor Librorum*
Imprimátur: ✠ Most Rev. Patrick M. Neary, C.S.C., Bishop of St. Cloud, August 27, 2024

Diseño de portada por Monica Bokinskie.
Arte de portada cortesía de Getty Images.

ISSN: 2692-6423 (edición impresa)
ISSN: 2692-6458 (edición en línea)

ISBN: 979-8-4008-0044-3
ISBN: 979-8-4008-0045-0 (libro electrónico)

Introducción

En 1958, Thomas Merton escribió un breve ensayo titulado "Miércoles de Ceniza". En él señala un punto importante, sobre el que vale la pena meditar al comenzar nuestro camino cuaresmal: "Aun los momentos más oscuros de la liturgia están llenos de gozo, y el Miércoles de Ceniza, el comienzo del ayuno cuaresmal, es un día de felicidad, una fiesta cristiana. No puede ser de otro modo, ya que forma parte del gran ciclo pascual".

Lo que me encanta de la introducción de Merton al tiempo de Cuaresma es la advertencia de que no debemos sucumbir a la creencia errónea de que la Cuaresma es únicamente un tiempo de pesimismo, luto y lamento, por muy importantes que sean esos sentimientos. Por el contrario, debemos recordar que la Cuaresma sólo tiene sentido a la luz de la Pascua, que el tiempo de penitencia, oración y discernimiento en el que nos adentramos es una preparación para la celebración del Misterio Pascual del que ya formamos parte. Es una oportunidad para reflexionar sobre lo que distingue a nuestra fe, en qué áreas podemos crecer, dónde puede estar Dios desafiándonos, y cómo aceptar la invitación divina a entrar en relaciones más profundas unos con otros, con Dios y con toda la creación.

Merton continúa explicando: "El Misterio Pascual es ante todo misterio de vida, en el que la Iglesia, celebrando la muerte y resurrección de Cristo, entra en el Reino de la Vida que Él ha instaurado de una vez para siempre con su victoria definitiva sobre el pecado y la muerte . . . La Cuaresma, pues, no es tanto una época de castigo cuanto de curación". Es en este espíritu que Merton anticipa la sabiduría del papa Francisco que, en su exhortación apostólica *Evangelii Gaudium*, escribe: "Hay cristianos cuya opción parece ser la de una Cuaresma sin Pascua . . . Pero reconozco que la alegría no se vive del mismo modo en todas las etapas y circunstancias de la vida, a veces muy duras. Se adapta y se transforma, y siempre permanece al menos como un brote de luz que nace de la certeza personal de ser infinitamente amado, más allá de todo".

Las reflexiones que se ofrecen a continuación en este pequeño libro son invitaciones a recordar que la Cuaresma está siempre ligada a la alegría de la Pascua, a la esperanza cristiana expresada en la resurrección. El modo de llegar a conocer esa alegría y esperanza, incluso en medio del sufrimiento y las luchas de nuestro mundo, es convertirnos en personas de la Escritura y la oración. Considera estas reflexiones como una invitación a un compromiso más profundo con la Sagrada Escritura en esta Cuaresma. Y que las meditaciones y oraciones que las acompañan te proporcionen alimento para tu propio camino espiritual.

—Daniel P. Horan

REFLEXIONES

Lo importante es lo de adentro

Lecturas: Jl 2, 12-18; 2 Cor 5, 20-6, 2; Mt 6, 1-6. 16-18

Escritura:
Enluten su corazón y no sus vestidos.
Vuélvanse al Señor Dios nuestro. (Jl 2, 13)

Reflexión: Siempre me ha hecho gracia que, en el Evangelio de hoy, Jesús se desvive por enseñar a sus seguidores que "tengan cuidado de no practicar sus obras de piedad delante de los hombres para que los vean", y luego, a los pocos minutos de oír esta proclamación, nos pongamos en fila para recibir ceniza en la frente ¡para que todo el mundo la vea!

Por divertida que pueda parecer nuestra práctica litúrgica de recibir la ceniza después de este Evangelio, no debemos pasar por alto una importante lección que enhebra las lecturas de hoy sobre lo que Dios espera de nosotros. Dios nos invita a explorar qué *motiva* nuestras prácticas espirituales. ¿*Por qué* hacemos lo que hacemos durante la Cuaresma? ¿Para ser vistos por los demás? ¿Para demostrarnos algo a nosotros mismos o a Dios? ¿Para presumir dentro de nuestra comunidad religiosa o demostrar nuestras "dotes" religiosas? Ninguna de estas motivaciones refleja lo que Dios nos pide. Pero, si somos sinceros, a menudo ellas pueden ser el origen de nuestras prácticas penitenciales.

El profeta Joel va directo al centro de la cuestión cuando anuncia: "Enluten su corazón y no sus vestidos. Vuélvanse al Señor Dios nuestro". Lo que realmente importa es lo de adentro. A Dios no le importan los gestos o las actuaciones superficiales, ni le interesa lo que los demás piensen de nosotros o si les impresiona lo que hacemos externamente. Dios nos llama a transformarnos interiormente, a volver a Dios con el corazón y la mente.

Meditación: Puede ser fácil dejarse llevar por las prácticas externas típicamente asociadas con el tiempo de Cuaresma. ¿Paso más tiempo preocupándome por lo que debo "dejar atrás" o lo que debo "empezar a hacer" por mis relaciones con Dios, con los demás y con toda la creación? ¿Qué significa para mí "volver al Señor" en esta Cuaresma?

Oración: Dios de la misericordia, tú me conoces mejor que yo mismo. Ayúdame a abrazar tu amor, y a cambiar mi deseo de afirmación externa por un deseo de transformación interna. Ayúdame a volver a ti en esta Cuaresma.

El significado de estar vivos

Lecturas: Dt 30, 15-20; Lc 9, 22-25

Escritura:
"En efecto, ¿de qué le sirve al hombre ganar todo el mundo, si se pierde a sí mismo o se destruye?". (Lc 9, 25)

Reflexión: ¿Qué significa vivir de verdad? Por supuesto, uno puede respirar y tener latidos, pero ¿es eso suficiente? Como profeta de Dios, Moisés transmite al pueblo una imagen de lo que significa no sólo vivir, sino *estar vivo*. Una relación correcta con Dios, relaciones justas con el prójimo, seguir el camino del Señor: así es como se encuentra la verdadera vida y la prosperidad.

Pero con demasiada frecuencia no confiamos en la palabra de los profetas, no andamos por los caminos de Dios, ni guardamos los "preceptos, mandatos y decretos" de Dios. En lugar de eso, nos convencemos de que la libertad consiste en hacer lo que queramos, cuando queramos, sin importarnos cómo nos afecte a nosotros o a los demás. Sin embargo, como dijo el teólogo jesuita Karl Rahner, nuestra dependencia de Dios y nuestra auténtica libertad no se oponen. Más bien, cuanto más confiamos en Dios, seguimos su voluntad y obedecemos sus mandamientos, más libres somos. A la mayoría de la gente, esto le puede parecer en el mejor de los casos contraintuitivo y en el peor, simplemente absurdo.

Jesús también predica una palabra de sabiduría contraintuitiva cuando habla de desear perder la vida para salvarla. Pero ¿de qué *tipo* de vida estamos hablando? Jesús, como Moisés antes que él, advierte que si nos aferramos a la vida en ese sentido tan estrecho de la libertad ("puedo hacer lo que quiera"), en realidad nos estamos aferrando a lo que no es vida. Debemos perder esa forma de ser y, en su lugar, abrazar la verdadera libertad que conlleva hacer la voluntad de Dios, libertad que requerirá tomar nuestras cruces y seguir a Cristo.

Meditación: ¿Cuál es mi sentido de la libertad? ¿Quién marca el camino de mi vida? ¿Elijo simplemente vivir y arreglármelas, o busco estar plenamente vivo en el Espíritu de Dios?

Oración: Dios de la peregrinación, guíame por el camino que me has trazado. Fortalece mi corazón y mi voluntad para amarte, seguir tus pasos y cumplir tus mandamientos. No permitas que me pierda.

Sacrificio verdadero

Lecturas: Is 58, 1-9a; Mt 9, 14-15

Escritura:
No es con esta clase de ayunos que
lograrán que se escuchen sus voces allá arriba. (Is 58, 4; Biblia Latinoamericana)

Reflexión: ¿De verdad quiere Dios que comamos menos chocolate o tomemos menos bebidas alcohólicas esta Cuaresma? Por absurda que pueda parecer esta pregunta, surge de una preocupación genuina que se remonta al menos a los tiempos del profeta Isaías, como vemos en la primera lectura de hoy.

¿Qué es lo que Dios realmente nos pide que hagamos cuando ayunamos? Para muchos cristianos contemporáneos, esta pregunta se responde con alguna forma de privación voluntaria de algo de lo que uno disfruta: "Renuncio a esto por la Cuaresma". Pero si se profundiza en esta práctica bienintencionada, no se tarda en descubrir la posible vacuidad de tal acto. Las Escrituras dejan claro que este tipo de ayuno no es lo que le importa a Dios.

Isaías recuerda a sus oyentes (y a nosotros) que el ayuno no consiste simplemente en renunciar a los excesos de nuestra elección, sino que es una llamada a adoptar prácticas transformadoras que acerquen nuestras actitudes y acciones a la voluntad de Dios. Isaías explica que Dios no quiere ayunos a medias como los que ya se practican. Dios quiere que ejerzamos la verdadera justicia liberando a los presos injustamente, sacando de la miseria a los oprimidos, compartiendo nuestros recursos con los demás, dando cobijo a personas sin hogar y, por lo demás, no abandonando a los marginados de nuestras sociedades.

Si abstenerte de algunos placeres materiales como el postre o la bebida te recuerda que debes ayunar de esta forma más encarnada, práctica y exigente, estupendo. Si no es así, quizá las lecturas de hoy sean una invitación a renunciar a esta práctica. El Evangelio nos recuerda, después de todo, que Jesús y sus seguidores no "ayunaban" como lo hacían otros en su época. Lo más importante es cómo vivimos y tratamos a los demás. A lo que tenemos que "renunciar" en esta Cuaresma es a nuestra antigua forma de ser.

Meditación: ¿Qué me llama Dios a hacer esta Cuaresma? ¿En qué prácticas de generosidad, amor y justicia puedo centrar mis actitudes y acciones? ¿En qué áreas debo crecer en el amor a Dios y al prójimo?

Oración: Dios de la justicia, nos llamas a "rasgarnos el corazón, no los vestidos". Cambia mi corazón para que mire hacia los necesitados y no se aleje de ellos. Ayúdame a ver dónde existe la injusticia a mi alrededor, y dame la fuerza para denunciarla, responder con amor y cuidar de los que tengo delante.

Pecadores llamados por Dios

Lecturas: Is 58, 9-14; Lc 5, 27-32

Escritura:
"No he venido a llamar a los justos, sino a los pecadores, para que se conviertan". (Lc 5, 32)

Reflexión: La primera lectura de hoy continúa donde terminó la de ayer, pero unos capítulos antes, en Isaías, Dios transmitió al pueblo un mensaje que resume las lecturas de Cuaresma que tenemos ante nosotros: "Así, como el cielo está muy alto por encima de la tierra, así también mis caminos se elevan por encima de sus caminos y mis proyectos son muy superiores a los de ustedes" (Is 55, 9).

Es sorprendente cómo los caminos de Dios son a menudo completamente diferentes de los nuestros. Hay una cierta simplicidad en la visión de Dios para el mundo: justicia, paz, relaciones justas, inclusión, aceptación, perdón y amor. Aunque la mayoría de nosotros diría que también quiere estas cosas, nuestro comportamiento suele sugerir lo contrario. Todos somos pecadores. En parte por eso Isaías dedica tanto tiempo a recordar a sus oyentes la necesidad de parecerse más a Dios y menos a nosotros mismos, a menudo egoístas.

La universalidad de la pecaminosidad es también lo que informa la reprimenda de Jesús a quienes juzgan y desechan a su compañía elegida. Decir que Jesús busca a los pecadores y no a los justos es decir que Jesús nos busca a todos. Todos estamos invitados a reflexionar sobre las maneras en que Jesús se acerca, nos invita a seguirlo y nos llama a ser más semejantes a Dios en nuestros pensamientos y acciones. Lo que los fariseos y escribas pasaron por alto en la respuesta de Jesús fue que también los estaba llamando *a ellos* a volver a Dios y, como alienta el salmo de hoy, a aprender de Dios cómo caminar por el camino del Señor.

Meditación: En cada etapa de la vida, podemos encontrarnos luchando con diferentes tentaciones y acciones que rompen la relación con nosotros mismos, con los demás y con Dios. ¿Cuál es el pecado que más me desafía hoy? ¿Cómo podrían "mis caminos" alinearse más con los "caminos de Dios" en esta Cuaresma? ¿Dónde estoy luchando por seguir a Jesús o por aceptar que Jesús llama *a todo el mundo*, incluso a aquellos que yo podría descartar o rechazar?

Oración: Dios de la misericordia, tu amor es perfecto, y tus caminos están muy por encima de los míos. Ayúdame a examinar mi corazón y mi conciencia para ver cómo puedo amar mejor, perdonar, comprender y trabajar por la justicia. Fortalece mi deseo de seguirte, y guíame por el camino de tu senda.

Está escrito

Lecturas: Dt 26, 4-10; Rom 10, 8-13; Lc 4, 1-13

Escritura:
La Escritura afirma: *Muy a tu alcance,*
en tu boca y en tu corazón, se encuentra la salvación.
(Rom 10, 8)

Reflexión: ¿Adónde acudimos para encontrar respuestas o soluciones cuando nos enfrentamos a dificultades y tentaciones? La lectura de hoy de la carta de Pablo a los romanos nos da una pista útil, especialmente cuando la leemos o escuchamos junto al Evangelio de hoy.

Aunque mucha gente se centra en las espectaculares imágenes de Jesús ayunando en el desierto, enfrentándose a sus demonios metafóricos (y al menos a un demonio literal), a lo largo de los años me he encontrado menos interesado en las tentaciones en sí mismas y más atento a las respuestas de Jesús.

¡Es sorprendente lo poco original que es Jesús en sus respuestas al tentador! Aunque Jesús es recordado por sus acciones creativas y a veces sorprendentes, sus parábolas y su predicación, en este caso Jesús vuelve una y otra vez a la Sagrada Escritura. En lugar de dar respuestas originales, Jesús opta por recurrir a la palabra escrita de Dios. Al hacerlo,

Jesús nos señala también la Escritura como fuente de nuestra respuesta a la tentación.

Pablo reitera este tema, llamando nuestra atención sobre la cercanía de la palabra de Dios y recordándonos que la fuente de orientación que buscamos ante la tentación se encuentra en la revelación divina. Lo único que necesitamos saber sobre cómo Dios nos llama a vivir está expuesto en la Escritura, no en una interpretación literal o en un libro de instrucciones, sino en la narración que es la historia de Dios, que proclamamos de palabra y de obra. Si nos convertimos en personas de la Escritura, imbuidos de esta narración divina del amor de Dios por nosotros y por toda la creación, tendremos un firme apoyo para afrontar las dificultades que se nos presentan en la peregrinación de la vida y de la fe.

Meditación: La Sagrada Escritura es importante para la respuesta de Jesús a la tentación. ¿Qué papel desempeña la Biblia en mi propia vida? ¿Cómo puede la Escritura desempeñar un papel más importante en mi vida y en mi oración?

Oración: Palabra de Dios, tú nos revelas la plenitud del amor divino en tu vida, muerte y resurrección. Tú nos muestras el camino para responder a nuestras preguntas y tentaciones. Ayúdame a tener siempre cerca tu palabra, para que esté siempre en mi boca y en mi corazón.

Reconocer los errores y pedir perdón

Lecturas: Lv 19, 1-2. 11-18; Mt 25, 31-46

Escritura:
"Pondrá a las ovejas a su derecha y a los cabritos a su izquierda". (Mt 25, 33)

Reflexión: A lo largo de los años, he oído a cristianos que encuentran aterrador este relato evangélico. Suponen que Jesús está advirtiendo a sus seguidores de un juicio inminente que es arbitrario o incluso caprichoso. Al final, las ovejas y los cabritos no saben en cuál grupo estaban al principio. "¿Y si meto la pata?", se preguntan. "¿Y si soy un cabrito y Jesús me condena al infierno?". La ansiedad y el miedo aumentan al pensar en el juicio final.

Pero es importante recordar que tanto las ovejas como los cabritos tienen la misma información y que se les ofrecen los mismos detalles. El mensaje de Jesús es claro: cuando amas, sirves y cuidas a tu prójimo, estás amando, sirviendo y cuidando a Dios. Algunas personas miran hacia atrás en sus vidas y se dan cuenta de que han estado cumpliendo la voluntad de Dios todo el tiempo, aunque no lo hayan hecho conscientemente. Estas ovejas se afirman.

A otros se les muestran las formas en que no han cumplido la voluntad de Dios. Y lo que ocurre (o no ocurre) a continuación es importante. Los que son etiquetados como "cabritos" nunca reconocen su maldad, nunca asumen su responsabilidad y nunca piden perdón por sus pecados. Al haber sido tomados por sorpresa (al igual que las ovejas) tienen la oportunidad de decir: "¡No me había dado cuenta! ¡Perdóname, Señor!". Si hubieran respondido así, ¿cuál crees que sería la respuesta de Jesús? Tal vez no habría cabritos, sino sólo ovejas arrepentidas.

Meditación: Jesús nunca niega el amor ni el perdón, pero nosotros podemos fácilmente rechazar ambos. Para algunos, esto se debe a que se sienten indignos de la misericordia de Dios, mientras que para otros tales actitudes pueden estar basadas en el egocentrismo o la arrogancia. Nadie está condenado a convertirse en cabrito sin la oportunidad de arrepentirse y reconciliarse. La pregunta es: ¿Estamos dispuestos a reconocer nuestra necesidad del amor y la misericordia de Dios, y la aceptaremos?

Oración: Señor, tú me conoces completamente. Ayúdame a conocerme mejor durante este tiempo de penitencia cuaresmal. Concédeme la humildad de reconocer y admitir mis fracasos en el amor para que pueda trabajar por la reconciliación con los demás y contigo.

¿Qué es la oración?

Lecturas: Is 55, 10-11; Mt 6, 7-15

Escritura:
"Ustedes, pues, oren así . . .". (Mt 6, 9)

Reflexión: Hay muchas maneras de orar. Recuerdo haber aprendido esto por primera vez en la escuela primaria de mi parroquia cuando mi profesor de religión nos presentó el acrónimo "ACGS", que significaba: *adoración, contrición, gratitud* y *súplica*. Claro que, como estudiante de quinto grado, aún no estaba familiarizado con la mayoría de esas palabras, pero algo en este marco para la oración me hizo una fuerte impresión.

Aunque no hay nada inherentemente malo en pensar en la oración según el acrónimo ACGS, me he dado cuenta de algunas de sus limitaciones. La mayor limitación es la implicación de que la oración es algo que principalmente iniciamos nosotros y que, en gran medida, es una actividad de hablar o pensar.

En el Evangelio de hoy tenemos un sentido muy distinto de la oración. Al principio parece que Jesús se limita a dar a sus seguidores una fórmula, unas palabras que deben recitar una y otra vez. Y, la verdad, muchos de nosotros nos acercamos al padrenuestro de esa manera. Pero en el propio lenguaje del padrenuestro se nos dice lo que es realmente la oración. La oración consiste en *hacer* la voluntad de Dios para que el reino de Dios pueda llegar a existir. Sabremos que esto se ha cumplido porque la tierra se parecerá al cielo.

Casualmente, la propia palabra "hacer" sugiere algo de la misma realidad: la oración es lo que comunicamos a Dios con nuestra forma de estar en el mundo, no sólo con nuestras palabras, sino también con nuestros actos.

Meditación: Después de instruir a sus seguidores sobre cómo rezar, Jesús dice: "Si ustedes perdonan las faltas a los hombres, también a ustedes los perdonará el Padre celestial" (Mt 6, 15). Perdón, misericordia, caridad: así estamos llamados a actuar en el mundo. Si de verdad queremos orar como Jesús nos enseñó, perdonaremos a los demás como Jesús lo hizo y nos amaremos los unos a los otros como Jesús nos amó primero.

Oración: Dios de todos los hombres, tú nos llamas a una relación justa entre nosotros y con toda la creación. Por las veces que he hecho daño a otros, he negado el amor o me he negado a perdonar a quienes me han hecho daño, concédeme tu misericordia. Dame la gracia de hacer tu voluntad para que pueda participar en la venida de tu reino y contribuir a que esta tierra sea como lo que hay en el cielo.

Desafiar nuestras expectativas

Lecturas: Jn 3, 1-10; Lc 11, 29-32

Escritura:
"Levántate y vete a Nínive, la gran capital, para anunciar ahí el mensaje que te voy a indicar". (Jon 3, 2)

Reflexión: A pesar de la fascinación generalizada por el gran pez en el libro de Jonás, la historia trata menos de esa extraña escena (el plan fallido de fuga de Jonás para evitar la llamada de Dios) y más de las expectativas. Siempre he creído que Jonás es el más honesto de los supuestos profetas del Antiguo Testamento. Todos reciben una llamada de Dios, y todos intentan escapar de ella. Moisés intenta cinco estrategias de evasión, Jeremías se queja de que es demasiado joven y Amós afirma que debe atender a su granja y a su familia. Pero es Jonás quien literalmente se aleja de Dios y de la ciudad a la que ha sido llamado a servir, ¡hasta que Dios lo alcanza!

Jonás consideraba al pueblo de Nínive como sus enemigos, lo que dio lugar a dos expectativas. En primer lugar, Jonás creía que los ninivitas no merecían la llamada de Dios a la conversión y la salvación. En segundo lugar, aunque Jonás les predicara el mensaje de Dios, no creía que le hicieran caso. De hecho, Jonás parece seguro de que los ninivitas lo perjudicarán de alguna manera. Tiene muy pocas expectativas.

Aquí es donde la historia se pone interesante, y las expectativas de Jonás dan un vuelco total. El pueblo de Nínive no sólo escucha su palabra profética, sino que lo hace en un tiempo récord. La Biblia nos dice que no ha recorrido ni un tercio del camino de la ciudad cuando todo el mundo empieza a hacer penitencia, ¡incluido el rey! Jonás se enfrenta a la brecha entre sus expectativas y las de Dios.

Dejemos que la historia de Jonás tenga el mismo efecto en nosotros al examinar nuestras propias suposiciones y expectativas, en esta Cuaresma y siempre.

Meditación: Muy a menudo podemos ser como Jonás, permanecer estancados en nuestras propias opiniones, juicios, prejuicios y expectativas sobre los demás. ¿Hay personas o grupos de personas que considero indignos de recibir ayuda o incluso del amor de Dios? Cuando Dios me llama a las periferias o a lugares desconocidos, ¿huyo como Jonás?

Oración: Dios de la misericordia, la llamada de Jonás nos recuerda nuestra llamada bautismal a ser discípulos misioneros para todos en este mundo. Ayúdame a abrir mi corazón y mi mente a los que me inclino a rechazar, ignorar o incluso despreciar. Muéstrame el camino.

Vivir la regla de oro

Lecturas: Est 12. 14-16. 23-25; Mt 7, 7-12

Escritura:
"Traten a los demás como quieren que ellos los traten a ustedes. En esto se resumen la ley y los profetas". (Mt 7, 12)

Reflexión: La "regla de oro" es reconocida como una exhortación universal que trasciende la religión, la cultura y el tiempo. Las antiguas tradiciones religiosas y filosóficas, las religiones abrahámicas (judaísmo, cristianismo e islamismo), muchas tradiciones orientales e incluso las tradiciones humanistas seculares comparten la creencia que Jesús expresa al final del Evangelio de hoy: "Traten a los demás como quieren que ellos los traten a ustedes". Entonces, si prácticamente todas las comunidades humanas lo han afirmado desde que tenemos registros escritos, ¿por qué es algo que se nos da tan mal?

La respuesta reside en parte en nuestra tendencia humana común al egoísmo. El autocuidado y la preservación no son, en sí mismos, instintos malos. Piensa, por ejemplo, en las instrucciones de los auxiliares de vuelo de "ponerte tu propia máscara de oxígeno antes de ayudar a los demás" o en el lema "No puedes dar lo que no tienes". Debemos cuidar de nosotros mismos en algunos aspectos básicos para poder ayudar a los demás.

El problema surge cuando atendemos a nuestras necesidades y no pasamos nunca a ayudar a los demás con su "máscara de oxígeno", o no les damos el apoyo físico, emocional o espiritual que necesitan. Con sus instrucciones de "pidan y se les dará", "busquen y encontrarán", "toquen y se les abrirá", Jesús nos recuerda que el amor, la ayuda y la misericordia de Dios están siempre disponibles. Jesús nos recuerda con frecuencia que nuestra llamada es a parecernos más a Dios en nuestras palabras y obras. Cuando pedimos algo a Dios, Dios siempre provee; pero cuando otros necesitan algo de nosotros, a menudo no hacemos caso. Tal vez la "regla de oro" sea sólo un recordatorio de que debemos ser más parecidos a Dios en nuestra actitud y comportamiento.

Meditación: Jesús se refiere a la generosidad que los padres muestran naturalmente a sus hijos. Es un recordatorio de que la mayoría de las personas no somos absolutamente egoístas, sino que a menudo sólo somos generosos con los más cercanos. ¿Hay formas de ampliar mi círculo de generosidad para vivir la "regla de oro" en mi propia vida? ¿A quién me resisto a tratar como me gustaría que me trataran?

Oración: Dios de toda gracia, que me das todo lo que necesito y no dudas en darme más cuando te lo pido, ayúdame a parecerme más a ti en el modo en que trato a todos los que encuentro en el camino, tanto a los conocidos como a los desconocidos, a los que me caen bien y a los que me cuesta apreciar.

Sanar el daño invisible

Lecturas: Ez 18, 21-28; Mt 5, 20-26

Escritura:
¿Conque es injusto mi proceder? ¿No es más bien el proceder de ustedes el injusto? (Ez 18, 25)

Reflexión: Un tema que Jesús repite a lo largo de su ministerio público es la imposibilidad de medir la rectitud de una persona meramente por su apariencia externa. Por eso Jesús habla de los platos que parecen limpios por fuera, pero están llenos de podredumbre (Mt 23, 25). También por eso cuenta parábolas sobre el trigo y la cizaña que crecen juntos, recordando a sus oyentes que las plantas "buenas" y las "malas" no pueden distinguirse a primera vista, sino que sólo pueden separarse en el momento de la cosecha, cuando ya han crecido del todo.

Jesús desafía a sus seguidores a ver una verdad compleja: nuestra bondad y nuestra pecaminosidad son más profundas que la piel. Por eso dice en el Evangelio de hoy que la mala voluntad y la ira que albergamos en el corazón contra los demás también son pecado. Cuando nos encontramos en situaciones en las que nos aferramos a la ira o a cualquier otra actitud destructiva dirigida contra otra persona, el resto de nuestra vida se ve afectado. Experimentalmente, todos sabemos cómo es esto: estar tan enojados con otra persona, aunque no lo reconozcamos en voz alta, que no podemos pensar en otras cosas de nuestra vida. Jesús nos dice que nos reconciliemos con esa persona y arreglemos cualquier otro asunto que haya surgido.

El profeta Ezequiel afirma claramente que los que se apartan del pecado y trabajan para seguir la voluntad de Dios "ciertamente vivirán" y "no morirán". Nunca es tarde para empezar de nuevo, para hacer lo posible por reparar el daño que hemos causado en nuestras relaciones.

Meditación: Es difícil mantener relaciones buenas y sanas con los demás, incluso con quienes conocemos y queremos mucho. El dolor que produce la ira, la frustración, la decepción y los celos es real, aunque los demás no lo entiendan o no puedan verlo. ¿Dónde hay necesidad de esa sanación en mi propia vida? ¿Con quién tengo que hacer un esfuerzo de reconciliación?

Oración: Creador de la vida, nos das la maravillosa y, a veces, aterradora capacidad de relacionarnos con los demás. Inspira en mí la capacidad de trabajar para sanar las relaciones rotas en mi vida y ayúdame a ver dónde necesito crecer en mi propia capacidad de amar, perdonar y reconciliar.

El amor exigente del cristianismo

Lecturas: Dt 26, 16-19; Mt 5, 43-48

Escritura:
"Yo, en cambio, les digo: Amen a sus enemigos . . .". (Mt 5, 44)

Reflexión: El mandato de Jesús de amar a los enemigos no puede ser más claro y directo. Sin embargo, la mayoría de nosotros no dudamos en matizar o modificar las instrucciones de Jesús, por lo demás sencillas, para adaptarlas a nuestra propia situación. Por ejemplo, aunque sabemos que Jesús nos dice que amemos a todos, incluidos los que consideramos enemigos, a menudo hay personas o grupos de personas que decidimos no incluir en esta regla. "Sí, sí, Jesús dijo que amáramos a nuestros enemigos, ¡pero seguro que no se refería a Osama bin Laden!", podríamos decir. O "Sí, sí, Jesús dijo que amáramos a nuestros enemigos, ¡pero no creo que eso se aplique a mi cuñada!". A menudo ponemos excusas y justificaciones interesadas para evitar cumplir el mandato de Jesús, que es un reto.

Pero Jesús era plenamente consciente de lo difícil que nos resulta hacer lo que exige la voluntad de Dios. En el Evangelio de hoy, Jesús establece un contraste entre cómo solemos vivir y cómo quiere Dios que vivamos. No nos basta con amar a los que nos caen bien y odiar a los que despreciamos;

debemos amar a todos como Dios nos ha amado primero. ¡Jesús sabe que esto es un reto! Aprender a tomar a Jesús al pie de la letra, sin pasar por alto ni matizar sus sencillas y difíciles enseñanzas, forma parte de nuestro camino cuaresmal. Este tiempo de penitencia y conversión es tan bueno como cualquier otro para practicar lo que decimos creer como seguidores de Jesucristo.

Meditación: El pecado y el egoísmo a menudo se interponen en el camino de vivir auténticamente la vida evangélica. A menudo nos sentimos más atraídos por un estilo de vida cómodo que por las exigentes demandas de la voluntad de Dios. Pero lo que Dios espera de nosotros es sencillo y sin complicaciones: amor. ¿A quién me cuesta amar? ¿En qué situaciones siento la necesidad de suavizar o contextualizar el mensaje de Jesús?

Oración: Señor, tú sabes lo difícil que puede ser seguir el camino que nos has marcado. Sé que tengo que esforzarme por amar a quienes me resulta difícil amar. Dame la fuerza para examinar mi propio corazón en esta Cuaresma y esforzarme por seguir tu voluntad en todo lo que digo y hago.

Aprender a ver de nuevo

Lecturas: Gn 15, 5-12. 17-18; Flp 3, 17-4, 1 o 3, 20-4, 1; Lc 9, 28b-36

Escritura:
Mientras oraba, su rostro cambió de aspecto y sus vestiduras se hicieron blancas y relampagueantes. (Lc 9, 29)

Reflexión: La transfiguración es uno de esos relatos bien conocidos de los Evangelios que no suele recibir la profunda reflexión y consideración que merece. Muchos de nosotros suponemos que la transfiguración (cuando Jesús lleva a algunos de sus seguidores más cercanos a un monte y ocurre algo bastante dramático) es la revelación de la plena divinidad de Jesús. Y ésta es sin duda una interpretación comprensible.

Sin embargo, si nos aferramos demasiado a la idea de que Jesús está descorriendo parte de la cortina para mostrar alguna divinidad secreta, entonces podemos empezar a desviarnos hacia el territorio teológico de una antigua herejía conocida como "docetismo". Esta era la creencia de que Jesucristo era simplemente "Dios disfrazado" o que Jesús sólo "parecía" humano. Una forma moderna de describir esto podría ser la "Cristología del Jefe Encubierto" (en referencia al popular programa de televisión) donde Dios simplemente finge ser como nosotros, pero conserva todo el poder y los beneficios de la divinidad sin ninguno de los riesgos y la fragilidad de la humanidad.

Pero ¿y si la transfiguración no trata tanto de lo que le ocurre a Jesús como de lo que les ocurre a los que están con él? ¿Y si los seguidores de Jesús simplemente lo están viendo por lo que realmente es, viendo su plena identidad, su "verdadero ser"?

En un momento u otro, todos luchamos por reconocer la plenitud de la identidad y la bondad de los demás. Nuestra incapacidad para vernos a nosotros mismos y a todos los demás como amados de Dios ha conducido a muchas formas de violencia y deshumanización. ¿Y si fuéramos capaces de vernos unos a otros brillando como el sol, transfigurados ante nosotros, no como resultado de una mágica transformación física, sino porque hemos aprendido a vernos de nuevo, a vernos como Dios nos ve?

Meditación: Una forma de ver la transfiguración es como una invitación a mirar más allá de las apariencias y los juicios superficiales para reconocer la condición de amados de todos los hijos de Dios. ¿Qué puedo hacer hoy para ver y amar a los demás de otra manera?

Oración: Dios de luz, ilumina las tinieblas de mi corazón para que pueda ver el resplandor de tu amor en toda la creación. Ayúdame a amar a los demás como tú nos has amado primero. Ayúdame a ver la verdad de la bondad y la dignidad de cada persona.

Vivir la misericordia de Dios

Lecturas: Dn 9, 4b-10; Lc 6, 36-38

Escritura:
"Sean misericordiosos, como su Padre es misericordioso". (Lc 6, 36)

Reflexión: A veces el mensaje de Jesús es casi demasiado sencillo, demasiado directo y demasiado claro. A menudo es tan poco complicado que los cristianos no se lo toman en serio. Tal es el caso de la enseñanza de hoy de Jesús a sus seguidores, en la que se nos dice que seamos misericordiosos, que dejemos de juzgar y condenar, y que perdonemos a los demás para que también nosotros seamos perdonados. Entonces, ¿por qué no hacemos lo que Jesús nos pide?

Me pregunto si nuestra resistencia tiene que ver con nuestra incapacidad para reconocer y aceptar el amor, el perdón, la misericordia y la compasión que Dios nos concede continuamente. El profeta Daniel nos recuerda en nuestra primera lectura que Dios, a pesar de nuestra desobediencia y egoísmo, sigue cumpliendo su parte de la alianza divina con la creación. Puede que nos apresuremos a alejarnos, a romper nuestras promesas, a negar la misericordia y la justicia a los demás. Pero Dios es fiel.

En el Evangelio de hoy, Jesús comienza recordándonos que Dios ya es misericordioso con nosotros. En otra parte,

Jesús enseña que Dios ya nos ha perdonado nuestras ofensas, pero a menudo nos obstinamos en negar a los demás la misma misericordia. Al continuar nuestro camino cuaresmal, que podamos sintonizarnos para reconocer y recibir la misericordia y el amor que Dios nos ha mostrado primero a cada uno de nosotros, y que podamos esforzarnos por ser signos de unidad e instrumentos de paz para todos los que nos encontramos.

Meditación: A veces sólo podemos dar pequeños pasos. Aprender a ser misericordiosos no consiste en lanzarse a un gran acto heroico de perdón, sino en aprovechar la oportunidad de amarnos unos a otros en las pequeñas y sencillas ocasiones que se nos presentan cada día. ¿Dónde y con quién puedo practicar hoy un pequeño acto de misericordia? ¿Cómo puede el perdón formar parte de mi práctica cuaresmal?

Oración: Dios de la misericordia, tú conoces los corazones y las mentes de todos tus hijos. Abre mi corazón para que pueda amar como tú. Sana mi mente para que pueda reconocer los muchos dones que me has dado, para que pueda compartir esos dones de amor, misericordia, justicia y paz con los demás.

Evitar la hipocresía

Lecturas: Is 1, 10. 16-20; Mt 23, 1-12

Escritura:
"Todo lo hacen para que los vea la gente". (Mt 23, 5)

Reflexión: Aunque a Jesús se le recuerda con razón por su ejercicio de la misericordia y el perdón divinos, hay una forma de pecado que juzga con dureza sistemáticamente a lo largo de los Evangelios: la hipocresía. Decir una cosa y hacer otra, agobiar a los demás mientras se es indiferente a su sufrimiento, dar prioridad a la propia comodidad mientras los demás luchan, pretender ser una persona de fe y luego utilizar esa tradición religiosa para engrandecerse a sí mismo . . . son el tipo de cosas que Jesús sencillamente no puede tolerar, especialmente cuando los transgresores son líderes religiosos.

Puede que no vivamos en la Palestina del siglo I ni "ensanchemos [nuestras] filacterias y las franjas del manto", pero estoy seguro de que todos sucumbimos a la tentación de la hipocresía de vez en cuando. Podemos afirmar que somos seguidores de Cristo y luego utilizar nuestra perspectiva de fe como herramienta para juzgar, discriminar o perjudicar de cualquier otra forma a nuestro prójimo. Esto es una forma de hipocresía, ya que Jesús nos reta repetidamente a amar y perdonar a los demás. Sin embargo, muy pocos de los que se identifican como cristianos se toman en serio las instrucciones de Jesús al respecto.

Es cierto que algunas personas son más poderosas e influyentes que tú o que yo, y su responsabilidad para evitar la hipocresía es ciertamente mayor. Pero eso no nos libra de la obligación de examinar nuestras propias conciencias y revisar cómo podemos caer en la tentación de utilizar la religión como medio para nuestros propios fines o para justificar un comportamiento despectivo o perjudicial hacia los demás. El mensaje de Jesús para nosotros es claro: debemos amarnos, perdonarnos y, como Jesús señala en el Evangelio de hoy, *servirnos* unos a otros como Dios ya ha hecho por nosotros.

Meditación: ¿Cómo me relaciono con mi tradición religiosa? ¿La veo como un recurso divino que me guía para ser mejor persona y prójimo de todos? ¿O lo veo como un conjunto de reglas y normas con las que juzgo, desestimo o incluso perjudico a los demás? ¿En qué aspectos puedo crecer para ser un mejor siervo de Dios a través del servicio a los demás?

Oración: Dios de la autenticidad, tú nos llamas a cumplir lo que profesamos al seguirte. Tu hijo Jesús nos mostró el camino, nos predicó la verdad y nos modeló la manera de vivir una fe y una acción auténticas. Dame el valor de vivir lo que profeso de palabra y de obra.

19 de marzo:
San José, esposo de la Bienaventurada Virgen María

Saber lo que hay que hacer

Lecturas: 2 Sam 7, 4-5a. 12-14a. 16; Rom 4, 13. 16-18. 22; Mt 1, 16. 18-21. 24a o Lc 2, 41-51a

Escritura:
José, su esposo, que era hombre justo, no queriendo ponerla en evidencia, pensó dejarla en secreto. (Mt 1, 19)

Reflexión: La historia de la concepción y el nacimiento de Jesús es interesante desde casi todos los ángulos. Con su relato de un embarazo, ángeles, sueños y mucho más, ¡hay toda una novela de drama en sólo unos versículos de la Escritura! Es comprensible, entonces, que centremos nuestra atención en el milagroso embarazo o dirijamos nuestra energía hacia el protagonista absoluto de la historia, Jesús. Pero hacerlo podría significar pasar por alto otra idea que se desarrolla en el relato de Mateo sobre el nacimiento de Jesús.

La figura de José, el padre terrenal de Jesús, es a menudo una figura secundaria cuando se trata de la Sagrada Familia o incluso del cristianismo en general. Se le venera con razón por no abandonar a María tras su embarazo, y la tradición sostiene que fue un padre amoroso para Jesús. Sin embargo, en este importante relato evangélico, encontramos otro aspecto de José que nos resulta cercano e importante. Aquí nos encontramos con una persona íntegra y digna, alguien que se encuentra en una situación personal confusa y vergonzosa, que busca desesperadamente hacer lo correcto.

Aunque la idea de separarse de María nos parezca terrible, la intención de José es defender la dignidad y el valor inherentes de María. Finalmente, un ángel revela la intención de Dios para la pareja, pero incluso antes de esto, se nos dice que José se compromete a intentar hacer lo correcto.

La historia de José nos recuerda a todos la importancia de discernir cuidadosamente las verdaderas intenciones de nuestros actos. Puede que no tengamos respuestas inmediatas ni lleguemos a conclusiones correctas por nosotros mismos, pero el deseo de hacer lo correcto siempre es un buen comienzo.

Meditación: Cuando me encuentro en circunstancias difíciles o inesperadas, ¿en qué se basan mis intenciones? ¿Qué motiva mis acciones? ¿Me esfuerzo por hacer lo correcto y defender la dignidad de los demás? ¿O me inclino más por anteponerme a mí mismo, mis intereses o mis deseos?

Oración: Dios del discernimiento, te apoyaste en las buenas intenciones de José y lo ayudaste a ver tu voluntad para él y su futura familia. Infunde en mí el deseo de hacer siempre lo correcto, y dame luz para reconocer cómo me estás guiando.

No elijas la ignorancia

Lecturas: Jr 17, 5-10; Lc 16, 19-31

Escritura:
"Tienen a Moisés y a los profetas; que los escuchen". (Lc 16, 29)

Reflexión: Hay pocas historias en los Evangelios más aterradoras que la de Lázaro y el hombre rico. Al menos, *debería* ser aterradora para todos los que abrazan una especie de ignorancia voluntaria acerca del sufrimiento ajeno mientras se esfuerzan por preservar su propia comodidad y seguridad.

Los nombres son importantes en la Biblia; por eso no es casualidad que el rico no reciba uno y el pobre sí. Jesús revoluciona las concepciones sociales y culturales sobre la importancia y el valor. Los oyentes de la época de Jesús habrían esperado que se nombrara al hombre rico y que Lázaro fuera un personaje secundario anónimo, despreciado como alguien prescindible e insignificante, que no merecía un nombre. Pero, como proclama Jesús de palabra y obra, la manera que tiene Dios de ver el mundo no es nuestra manera de ver el mundo. De hecho, los profetas repiten constantemente que Dios está del lado de los pobres y los vulnerables.

El pecado del rico es la elección activa que hizo, incluso en la otra vida, de abrazar la ignorancia en aras de su propia comodidad. No quería saber nada de la situación difícil de

Lázaro y otros como él. El hombre rico tenía la información, los recursos y la capacidad de cambiar su forma de actuar y hacer lo correcto, pero en lugar de eso, eligió la "ignorancia voluntaria" en todo momento.

Hoy en día, hay mucha gente como el hombre rico que vive una vida cómoda, segura y estable. No necesitamos ser multimillonarios para que la historia de Jesús se aplique a nosotros. Y si elegimos este tipo de ignorancia, entonces esta historia también debería aterrorizarnos.

Meditación: ¿Qué realidades tengo miedo de afrontar en el mundo y en la comunidad que me rodea? ¿Me protejo intencionadamente del sufrimiento de los demás? ¿Qué puedo hacer para abrir los ojos a los necesitados y responder como Cristo me llama a hacer?

Oración: Dios de la justicia, tú nos llamas a escuchar el clamor de los pobres y a responder como tú lo harías, con generosidad y amor. Ayúdame a parecerme más a Cristo en mi forma de ver el mundo y a apoyar desinteresadamente a los necesitados de mi alrededor.

Envidia que mata

Lecturas: Gn 37, 3-4. 12-13a. 17b-28a; Mt 21, 33-43. 45-46

Escritura:
. . . llegaron a odiarlo, al grado de negarle la palabra. (Gn 37, 4)

Reflexión: La envidia es una fuerza poderosa y destructiva que conduce a la tristeza, la ira, el odio e incluso la violencia. La historia de José, vendido como esclavo por sus hermanos porque estaban celosos del amor de su padre, es inquietante a varios niveles: el plan inicial de matar a José antes de abandonarlo y luego comerciar con él con nómadas, el tráfico humano de un niño, el desprecio total por la seguridad de otra persona y el dramático fracaso del amor familiar. Pero por extremos y excepcionales que sean los detalles de esta historia, la experiencia de la envidia (incluidos los celos entre hermanos y otros miembros de la familia) nos es familiar a todos.

La envidia, contada entre los "siete pecados capitales", es el sentimiento de rivalidad con los semejantes. Conduce a un espíritu de codicia, mala voluntad hacia los demás y un sentimiento de inferioridad. La envidia puede motivarnos a derribar a los demás, a aumentar nuestro propio ego, a minimizar el éxito o la felicidad de los demás en un patético esfuerzo por aliviar nuestra propia sensación de insuficiencia. En algunos casos extremos, como en las historias de los hermanos de José o Caín, el hermano de Abel, la envidia puede llevar a la violencia o incluso al asesinato.

Por muy común que sea la envidia, es algo que Dios quiere que superemos. Por eso la envidia (o "codicia") aparece en dos de los Diez Mandamientos y por eso Jesús dedica gran parte de su ministerio a predicar y demostrar que cada uno de nosotros ya es plenamente amado por Dios.

Esta Cuaresma es un buen momento para evaluar dónde está la envidia en nuestros corazones y comportamientos, y luego hacer algo al respecto. Dios quiere que nos liberemos de esta carga pesada.

Meditación: ¿Hay personas o cosas que me provocan un sentimiento de competencia o me llevan a pensar menos de mí mismo? ¿Deseo el fracaso o el daño de los demás? ¿Estoy dispuesto a entregar estos pensamientos y sentimientos a Dios?

Oración: Dios de amor infinito, tú deseas que cada uno de nosotros experimente la plenitud de la alegría. Ayúdame a ser una persona menos envidiosa y a aceptar los dones divinos de amor y gracia que siempre me concedes.

Hay más en la historia

Lecturas: Miq 7, 14-15. 18-20; Lc 15, 1-3. 11-32

Escritura:
Jesús les dijo entonces esta parábola: "Un hombre tenía dos hijos . . .". (Lc 15, 11)

Reflexión: Quizá no haya mejor ilustración de una familia disfuncional en el Nuevo Testamento que la de la parábola del Hijo Pródigo. Hace tiempo que pienso que esta historia se malinterpreta según nuestra típica interpretación de sentido común, que dice algo así: el hijo menor es egoísta y avaricioso, pero cambia de opinión y regresa a casa pidiendo perdón; el padre es generoso y cariñoso con ambos hijos; y el hijo mayor siente envidia y amargura por el trato que recibe el hijo menor.

Pero no hay héroes claros ni signos patentes de conversión en la historia. El hijo menor es sin duda egoísta. Su regreso a casa parece estar relacionado con la utilidad, la supervivencia y la comodidad. Nunca asume la responsabilidad de sus actos; simplemente ensaya una serie de líneas que describen lo que cree que sonará bien, y luego las pronuncia textualmente. Es evidente que el padre no tiene buena relación con ninguno de sus hijos, como se ve, tanto en la forma en que el hijo menor se comporta con él, como en la incapacidad del padre de explicar la dinámica familiar al hijo mayor. El hijo mayor está ciertamente resentido, pero su resentimiento no es injustificado dadas las circunstancias, y su relación con su padre y su hermano están profundamente deterioradas. Podría ser la familia de cualquiera en cualquier momento de la historia.

Jesús deja la historia abierta a propósito para que podamos reflexionar sobre cómo cada uno de los tres miembros de la familia podría relacionarse y amarse mejor. La parábola de Jesús es a la vez un experimento mental y un examen de conciencia, que nos invita a ponernos en la piel de uno o varios de los personajes, a considerar nuestras propias relaciones, juicios y comportamientos, y a tomar conciencia de nuestra propia necesidad de conversión.

Meditación: La dinámica familiar puede ser difícil de manejar. Conocer tan bien a las personas puede dar lugar a sentimientos singularmente complicados. ¿Qué dinámicas necesito trabajar en mis propias relaciones familiares esta Cuaresma?

Oración: Dios, tú nos invitas a imaginarte como un padre, como nuestro Padre o nuestra Madre (Sal 103, 13; Is 66, 13). Ayúdanos a ser mejores miembros de nuestras familias terrenales y a reflejarnos unos a otros el amor divino que tú nos muestras.

El verdadero nombre de Dios

Lecturas: Ex 3, 1-8a. 13-15; 1 Cor 10, 1-6. 10-12; Lc 13, 1-9

Escritura:
"Éste es mi nombre para siempre. Con este nombre me han de recordar de generación en generación". (Ex 3, 15)

Reflexión: De niño, la historia de Dios hablando a Moisés a través de la zarza ardiente cautivaba mi imaginación. La historia en sí era fascinante, y la visualización de la misma en la película de Cecil B. DeMille *Los Diez Mandamientos* era espectacular. A medida que pasaba el tiempo, mi fascinación por un fuego que no se consumía fue disminuyendo y quedando reemplazada por un creciente interés por lo que yo consideraba el mensaje filosófico de la historia. El nombre de Dios, "Yo-soy", se convirtió en el enigma que había que resolver, el misterio que pedía ser comprendido para entender quién es Dios en realidad. Pero con el tiempo aprendí que yo, como muchos otros, me estaba distrayendo con la parte equivocada del mensaje de Dios.

El nombre de Dios no es un enigma filosófico. El nombre de Dios es *relación*. Es cierto que Dios le dice a Moisés que diga que "Yo-soy" lo envió, pero si nos detenemos ahí, nos perdemos la revelación mayor. Dios continúa diciendo que el que envía a Moisés es el Dios de los israelitas, el Dios que escucha la injusticia que experimentan ahora, el Dios que los ama, los conoce, está con ellos y estará con ellos mientras sigan adelante. Una vez escuché a un erudito de la Escritura decir que "Yo-soy" se traduce más exactamente como "Yo soy el que estará allí contigo". Y la ahora fallecida teóloga católica Catherine Mowry LaCugna expresó este nombre divino como "Dios para nosotros".

La primera lectura de hoy nos ayuda a saber quién es Dios, pero también nos revela cómo se relaciona Dios con nosotros: como el que nos acompaña, comprende nuestras luchas y sólo desea lo mejor para nuestro futuro.

Meditación: El verdadero nombre de Dios revela no sólo quién es Dios, sino cómo actúa Dios en el mundo. Dios nos creó para relacionarnos unos con otros, con Dios y con toda la creación. Amar como Dios nos ama es amarnos los unos a los otros. ¿Dónde necesito parecerme más a Dios en mi vida hoy?

Oración: Dios del amor, a través de tu intercambio con Moisés revelas que lo tuyo son las relaciones. Ayúdame a imitarte mejor amando a los demás y estando presente para las personas de mi vida. Así como tú siempre estás ahí para nosotros, dame la fuerza para estar ahí para los demás.

Acoger la llamada profética

Lecturas: 2 Re 5, 1-15b; Lc 4, 24-30

Escritura:
"Yo les aseguro que nadie es profeta en su tierra". (Lc 4, 24)

Reflexión: A lo largo del Antiguo Testamento, casi todos los profetas llamados a proclamar la palabra de Dios intentan librarse de la responsabilidad. Estos aspirantes a profetas comprendieron que aceptar la llamada de Dios significaba aceptar cierto grado de riesgo y rechazo.

Ser profeta es anunciar la disparidad entre cómo vivimos como sociedad y cómo quiere Dios que vivamos, sobre todo cuando los ricos y poderosos se benefician del sufrimiento y la opresión de los pobres y marginados. Anunciar la brecha entre estas dos realidades es arriesgado porque inquieta a los cómodos y exige un cambio social concreto.

Ser profeta no consiste en predecir el futuro o tener una idea original. Se trata más bien de llevar las buenas nuevas de la justicia de Dios, que son buenas nuevas para los pobres y débiles, y a menudo verdades inquietantes para los ricos y poderosos. Por esta razón, Jesús puede decir como un simple hecho que "nadie es profeta en su tierra". Los profetas no sólo se enfrentan a la presión social para ser silenciados, sino que también suelen ser descartados por quienes los han conocido antes en la vida.

Las personas más cercanas a nosotros (nuestros amigos, hermanos, vecinos, compañeros de trabajo) a menudo nos resultan demasiado familiares. Conocemos sus debilidades y defectos. Confiando en nuestros conocimientos o suposiciones, podemos apresurarnos a ignorar o rechazar las verdades incómodas que transmiten, aunque sean correctas y el mensaje proceda de Dios.

Meditación: ¿En qué situaciones tiendo a minimizar, rechazar o cuestionar verdades incómodas que otros me desafían a ver? ¿Hay ocasiones en las que se me ignora o rechaza cuando transmito un mensaje difícil a quienes me conocen bien? ¿Qué debo hacer para escuchar mejor a los profetas en mi vida y proclamar el mensaje de Dios a los demás?

Oración: Dios de los profetas, tú llamas a personas de todas las generaciones para anunciar buenas nuevas a los pobres y verdades apremiantes a los poderosos. Inspírame la confianza necesaria para anunciar tu visión de paz en tiempos y lugares difíciles, y ayúdame a escuchar el mensaje profético que me proclamas a través de los demás.

Una decisión difícil

Lecturas: Is 7, 10-14; 8, 10; Heb 10, 4-10; Lc 1, 26-38

Escritura:
Al oír estas palabras, ella se preocupó mucho . . . (Lc 1, 29)

Reflexión: Cuando pienso en la solemnidad de la Anunciación, pienso en cómo los cristianos contemporáneos pasamos por alto los detalles de la historia. Ya sabemos lo que les ocurre a María, José y Jesús. Pero mientras se desarrolla la escena entre el ángel Gabriel y María en el Evangelio de hoy, detengámonos y reflexionemos sobre lo que nos revela la Escritura. Si nos permitimos prestar atención a la historia a medida que se desarrolla, como si la escucháramos por primera vez, pueden surgir nuevos detalles e inspiración.

Por ejemplo, ¿te has parado a pensar en lo asustada que está María en el Evangelio de hoy?

María está aterrorizada. Lucas dice que "ella se preocupó mucho" y está tan preocupada que el ángel incluso tiene que decir: "No temas, María". Además de la confusión que supone concebir un hijo sin haber tenido una relación sexual, María también se enfrenta al miedo a la vergüenza social y al estigma religioso, a la preocupación por su relación con José y a la inquietud por lo que todo esto significa. María no dice "sí" de inmediato. El ángel le da algunas explicaciones y ella se demora en comprender la magnitud de lo que se le pide.

Si nos saltamos los detalles de la experiencia de María porque ya tenemos la ventaja de saber "cómo termina la historia", entonces perdemos de vista lo mucho que María se parece al resto de nosotros. Puede dar miedo decir "sí" a Dios y hacer lo que sabemos que es correcto, especialmente cuando lo correcto es difícil.

Meditación: La experiencia y el ejemplo de María nos recuerdan que hacer la voluntad de Dios puede ser un profundo desafío, y que decir "sí" a Dios puede dar miedo. ¿De qué manera me pide Dios que cambie o que actúe de forma diferente? ¿Esto me asusta? ¿Cómo me reconforta o me orienta el ejemplo de María?

Oración: Dios de la vida, que llamaste a María a abrazar un papel desafiante pero importante en la historia de la salvacíon, ayúdame a superar mi miedo y a decir "sí" a hacer tu voluntad. Que yo sea como María y haga mi parte en la construcción del reino de Dios.

No olvidar las pequeñas señales de Dios

Lecturas: Dt 4, 1. 5-9; Mt. 5, 17-19

Escritura:
"Pero ten cuidado y atiende bien: No vayas a olvidarte de estos hechos que tus ojos han visto . . .". (Dt 4, 9)

Reflexión: La mayoría de nosotros, cuando pensamos en Moisés sacando a los israelitas del cautiverio en Egipto, recordamos actos extraordinarios de intervención divina. Podríamos pensar en la división de las aguas, las columnas de fuego o las diez plagas. Estas señales son tan espectaculares como memorables. Pero las palabras de Moisés en la primera lectura de hoy sugieren que, años después de su viaje a la Tierra Prometida, algunos recuerdos comienzan a desvanecerse para el pueblo de Dios. Incluso la fuente de su vida, libertad y esperanza, Dios, está siendo lentamente olvidada o ignorada.

El hecho de que Moisés mencione la importancia de la memoria al final de una exhortación sobre la observancia de los estatutos y decretos de la alianza sugiere que tales prácticas nos ayudan a recordar la fuente misma y el fundamento de nuestra vida y libertad. Aunque la mayoría de nosotros nunca experimentaremos nada parecido a la opresión de los israelitas en Egipto, todos compartimos una fuente común de liberación en Dios. Que cualquiera de nosotros exista (que cualquier cosa exista) es gracias al Dios de la creación que nos sostiene en cada momento de nuestras vidas. Y, sin embargo, nos apresuramos a ignorar u olvidar este hecho básico y fundamental.

Prácticas como observar los mandamientos de Dios, guardar el *sabbat* como día santo, orar con regularidad y cuidar de los marginados no son simplemente fines en sí mismas. A través de esos actos de amor y misericordia, se nos invita a reflexionar sobre Dios como fuente de todo lo que es bueno y santo en nuestras vidas. Quizá por eso Jesús defendía tanto la ley. Reconoció su papel importante e instructivo en la vida del pueblo de Dios.

Meditación: A medida que avanzamos en la Cuaresma, veamos nuestra fidelidad a los mandamientos que Dios nos ha dado como una oportunidad para la reflexión y la gratitud. ¿Cómo puedo estar más atento a la presencia divina en mi vida?

Oración: Dios de la libertad, que escuchaste el clamor de tu pueblo en Egipto y lo sacaste de la esclavitud hacia una vida nueva, ayúdame a recordar que tú eres la fuente de mi vida y de todo lo que es. Fortaléceme para ser fiel a tus mandamientos.

Escuchar a los profetas de nuestro tiempo

Lecturas: Jr 7, 23-28; Lc 11, 14-23

Escritura:
". . . yo seré su Dios y ustedes serán mi pueblo". (Jr 7, 23)

Reflexión: En las Escrituras, Dios es descrito a menudo como un padre. Por supuesto, sabemos que la forma de pensar, actuar y amar de Dios supera ampliamente la del más grande de los padres humanos. Pero si Dios fuera como un padre humano, podríamos imaginar que Dios se sentiría infinitamente frustrado por nuestras travesuras, desobediencias y dramas innecesarios. Este sentimiento de "frustración divina" se refleja en el mensaje de Jeremías al pueblo. Jeremías expone con toda claridad la agenda divina: escuchar la voz de Dios; hacer lo correcto; entonces Dios será nuestro Dios, y nosotros seremos su pueblo. ¡Fácil!

Y, sin embargo, Dios parece lamentarse de que el pueblo ignore no sólo las enseñanzas de Dios, sino también los recordatorios proporcionados por generaciones de profetas. Dios advierte a Jeremías que, aunque tiene un mensaje importante que transmitir, es poco probable que su público le haga caso. Dios llama al pueblo "el pueblo que no escuchó".

¿Y nosotros? ¿Somos diferentes del público de Jeremías? ¿Pertenecemos a un pueblo dispuesto a escuchar las verdades incómodas y los mensajes difíciles que transmiten los profetas de Dios en nuestro tiempo? Basta con echar un vistazo a nuestra sociedad e incluso a nuestra Iglesia para ver una comunidad de personas divididas, enojadas, temerosas y frustradas. El egoísmo se instala cuando aumenta la falta de confianza en Dios y en el prójimo.

Como creyentes, a menudo decimos que queremos ser el pueblo de Dios y hacer la voluntad de Dios, pero nuestras acciones suelen hablar más que nuestras palabras. Atendamos a los clamores de justicia y paz en medio de nosotros, y cuidemos de los pobres y de la tierra. Prestemos atención a los mensajes que Dios proclama a través de los profetas contemporáneos, esas voces religiosas y laicas que anuncian lo que nos corresponde hacer.

Meditación: ¿Qué temores ocupan mi mente y mi corazón que me cierran a las difíciles verdades que Dios me está diciendo hoy? ¿Cómo puedo escuchar mejor a Dios a través de los profetas contemporáneos?

Oración: Dios de amor y justicia, durante generaciones nos has recordado a través de los oráculos de tus profetas lo que significa ser tu pueblo. Ayúdame a escuchar tu voz y a responder a la llamada profética a hacer tu voluntad, para que yo pueda ser tuyo y tú puedas ser mi Dios.

El Dios de la Misericordia

Lecturas: Os 14, 2-10; Mc 12, 28-34

Escritura:
"Israel, conviértete al Señor, Dios tuyo . . .". (Os 14, 2)

Reflexión: Uno de los elementos más llamativos del ministerio del papa Francisco como obispo de Roma ha sido su empeño en recordar a los fieles la inagotable misericordia de Dios. No es difícil entender por qué ha hecho de la misericordia el centro de su misión pastoral. Tanto los profetas del Antiguo Testamento como Jesucristo en el Nuevo Testamento dan constantemente testimonio de la misericordia de Dios. Pero ¿la reconocemos? ¿Creemos en la misericordia, el amor y el perdón divinos?

En abril de 2013, cuando el papa Francisco tomó oficialmente posesión de la Cátedra de Pedro en Roma, predicó: "La paciencia de Dios debe encontrar en nosotros la valentía de volver a Él, sea cual sea el error, sea cual sea el pecado que haya en nuestra vida". Y añadió: "Tal vez alguno de nosotros puede pensar: mi pecado es tan grande, mi lejanía de Dios es como la del hijo menor de la parábola, mi incredulidad es como la de Tomás; no tengo las agallas para volver, para pensar que Dios pueda acogerme y que me esté esperando precisamente a mí. Pero Dios te espera precisamente a ti, te pide sólo el valor de regresar a Él".

Este es también el mensaje de Dios proclamado por el profeta Oseas. Lo único que Dios nos pide es que volvamos a Dios, independientemente de lo mucho que nos hayamos alejado, de lo pecadores que hayamos sido o de lo indignos que nos sintamos. Dios está ahí, siempre, esperando pacientemente, anhelando que nos demos la vuelta y nos dejemos abrazar por el amor y la misericordia que sólo Dios puede mostrar.

Meditación: Muchos de nosotros creemos ser indignos del amor y la misericordia de Dios, que nuestra ausencia de la Iglesia o nuestras elecciones de vida o los errores que hemos cometido nos hacen inmerecedores del abrazo de Dios. ¿Qué me impide dirigirme a Dios ahora, en este momento, y aceptar su amor y su misericordia?

Oración: Dios de la misericordia, tú nunca te alejas de ninguno de tus hijos. A través de tus profetas y de tu Hijo nos has comunicado que quieres que volvamos a ti, que abracemos tu amor y tu perdón, y que vivamos la vida en plenitud. Dame la gracia de acudir a ti.

¿Qué quiere Dios realmente?

Lecturas: Os 6, 1-6; Lc 18, 9-14

Escritura:
Porque yo quiero misericordia y no sacrificios,
conocimiento de Dios, más que holocaustos. (Os 6, 6)

Reflexión: ¿Qué quiere Dios de mí? Si eres como yo, te haces esta pregunta de vez en cuando. Puede surgir a causa de alguna frustración o decepción en la vida. Puede surgir del deseo de ser mejor persona o mejor seguidor de Cristo. Sean cuales sean las circunstancias, la pregunta tiende a perseguirnos hasta que llegamos a alguna conclusión.

El Evangelio de hoy nos presenta dos posibles respuestas a esta pregunta. Jesús cuenta una historia sobre dos personas que van al templo a rezar: uno es un fariseo santurrón y el otro es un recaudador de impuestos, a quien se lo conoce por ser un tramposo. Desde afuera, parece que el fariseo lo está haciendo todo bien. Parece saber exactamente lo que Dios quiere de él y, por lo tanto, de los demás. También está convencido de que es mejor que los demás para hacer lo que Dios quiere. Mientras tanto, el recaudador de impuestos se acerca a Dios con gran autoconciencia y humildad. Sabe que es un pecador, imperfecto, y que necesita mejorar. El recaudador de impuestos no está convencido de que baste con pronunciar las palabras adecuadas en la oración formal o con ofrecer holocaustos en el templo, porque su propio examen de conciencia le revela la necesidad de una conversión continua.

El oráculo divino de la lectura de hoy de Oseas resuena con la historia de Jesús de los dos hombres en oración. Lo que Dios quiere de nosotros es bastante sencillo: Dios quiere que amemos y conozcamos a Dios y, por ende, que nos amemos y conozcamos unos a otros. Lamentablemente, el fariseo de la historia de Jesús no parece conocer ni amar a Dios, ni a su prójimo, el recaudador de impuestos, ni siquiera a sí mismo. Está mucho más lejos de responder a la pregunta de qué es lo que Dios quiere realmente.

Meditación: Lo que Dios quiere de nosotros es una relación más profunda en el amor. ¿Cómo respondo a la pregunta de qué quiere Dios de mí en este momento? ¿Cómo podría parecerme más al recaudador de impuestos en mis oraciones y acciones?

Oración: Dios de humildad y amor, tú te acercas por medio de tu Hijo Jesucristo y nos muestras el camino de la paz y de la comunidad. Dame el valor de amarte y conocerte, de amar a mi prójimo y conocerlo, y de amarme a mí mismo y conocerme.

Hijos pródigos ecológicos

Lecturas: Jos 5, 9a. 10-12; 2 Cor 5, 17-21; Lc 15, 1-3. 11-32

Escritura:
"El hijo menor, juntando todo lo suyo, se fue a un país lejano y allá derrochó su fortuna, viviendo de una manera disoluta". (Lc 15, 13)

Reflexión: Esta es la segunda vez que oímos proclamar la parábola del Hijo Pródigo durante el tiempo de Cuaresma. Cuando volvemos sobre un pasaje bíblico durante el mismo tiempo litúrgico, es señal de que el texto es importante y de que puede proporcionarnos un significado más profundo del que suponíamos al principio. Este es ciertamente el caso de esta historia, una de las más famosas de las parábolas de Jesús.

Es habitual que pensemos en la dinámica humana de la historia de esta familia ciertamente disfuncional. Pero ¿y si consideráramos la dinámica de esta familia a escala cósmica? ¿Y si imagináramos al personaje del padre como un sustituto de lo que el papa Francisco llama "nuestra casa común" o san Francisco de Asís llama "nuestra Hermana Madre Tierra"? Tal vez entonces nos encontremos, como especie y comunidad, en la posición del hijo menor, pero en un nuevo contexto.

La Escritura y la tradición nos recuerdan que pertenecemos a una única familia divina de la creación. Dios ama a la existencia de todo el cosmos, que está interconectado y es interdependiente. Aunque el mundo creado ha sido particularmente bueno a la hora de darnos lo que necesitamos para sobrevivir como criaturas humanas, hemos sido rapaces a la hora de apoderarnos de la vida vegetal y animal, a la vez que hemos contaminado el planeta con un desprecio que se refleja en el desprecio del hijo menor hacia su padre y su familia. Al igual que el hijo menor, continuamente queremos más cuando ya hemos despilfarrado incluso lo que nos sobra. En esta escala cósmica, el resto de la creación es como el hijo mayor, siempre haciendo su parte mientras es testigo de nuestro comportamiento destructivo.

¿Cómo podríamos cambiar esta historia?

Meditación: Tanto el papa san Juan Pablo II como el papa Francisco nos han invitado a abrazar la "conversión ecológica", a cambiar nuestra perspectiva, nuestras prácticas y nuestra relación con el resto de la creación. ¿Qué más podemos aprender sobre la conversión ecológica a partir de la dinámica de esta parábola?

Oración: Dios de la creación, tú amas todo lo que existe. Abre nuestros ojos a nuestro egoísmo humano y a nuestra pecaminosidad ecológica para que podamos cambiar nuestros caminos y ocupar nuestro lugar dentro de tu familia de la creación.

Demasiado conocido

Lecturas: Is 65, 17-21; Jn 4, 43-54

Escritura:
"Si no ven ustedes signos y prodigios, no creen". (Jn 4, 48)

Reflexión: Cuando nos centramos exclusivamente en la divinidad de Jesús y minimizamos su humanidad, podemos pasar por alto algunas de las dinámicas sociales y familiares que él experimentó. Una de estas dinámicas, atestiguada en los cuatro Evangelios, es el hecho de que su predicación y ministerio no fueron bien recibidos por quienes mejor lo conocían en su ciudad natal. El pasaje del Evangelio de Juan de hoy comienza con este reconocimiento: "Jesús mismo había declarado que a ningún profeta se le honra en su propia patria". En el relato de Marcos se nos dice que Jesús no pudo hacer muchos milagros en Nazaret debido a la resistencia que encontró allí. En el relato de Mateo oímos cómo aquellos que conocían a Jesús se escandalizaron por su predicación y ministerio (13, 57). ¡Y en el relato de Lucas, la gente del pueblo lo echó de la sinagoga e intentó arrojarlo por un barranco (4, 29)!

Supongo que todo el mundo ha tenido alguna vez una experiencia como la de Jesús. Tal vez te sientas valorado en tu lugar de trabajo, pero no apreciado por los miembros de tu familia. Tal vez tus opiniones sean valoradas por conocidos, pero ignoradas por quienes te conocen bien. Los que mejor nos conocen también nos conocen en nuestros peores momentos. Recuerdan cuándo nos hemos equivocado o hemos tomado malas decisiones. Pueden formarse juicios sobre quiénes somos y de qué somos capaces, impidiéndoles vernos en toda nuestra complejidad y bondad.

También hemos estado del otro lado: ¡nosotros también podemos etiquetar a los demás! Cuando dudamos de que alguien pueda cambiar, cuando despreciamos una buena idea u opinión, estamos cometiendo el mismo error que los que rechazan a Jesús. Dios actúa en y a través de quienes nos rodean, incluso de quienes conocemos bien.

Meditación: ¿Quiénes son esas personas cercanas a mí a las que doy por perdidas, descarto o rechazo por mi opinión sobre ellas? ¿Cambio mis opiniones sobre las personas con el tiempo, o las considero siempre iguales?

Oración: Dios de toda vida, tu Espíritu Santo sigue acercándose para dar poder e inspirar a todas las personas y a toda la creación. Ayúdame a tener el corazón y la mente abiertos. Dame la humildad y el valor para reconocer las muchas maneras en que las personas pueden cambiar y de hecho lo hacen.

Cuando Dios nos sorprende

Lecturas: Ez 47, 1-9. 12; Jn 5, 1-16

Escritura:
Vengan a ver las cosas sorprendentes
que ha hecho el Señor sobre la tierra. (Sal 46, 9)

Reflexión: En este mundo hay dos tipos de personas: a las que les gusta que las sorprendan y a las que no. Yo pertenezco a esta última categoría. Siempre me han disgustado las fiestas de cumpleaños sorpresa u otros eventos inesperados, incluso cuando el organizador de la sorpresa tiene buenas intenciones y el gesto es amable. Por eso, aunque me gustaría pensar que mi respuesta a las acciones de Jesús en el Evangelio de hoy sería positiva, la sorpresa que desconcierta a sus contemporáneos y convierte a algunos de ellos en adversarios me hace reflexionar un poco más profundamente.

Que Jesús sanara a un hombre que llevaba enfermo casi cuarenta años ya es de por sí sorprendente; pero el hecho de que realizara este acto de misericordia en *sabbat* resultó demasiado para algunos miembros de la comunidad. ¡El Evangelio nos dice que estos críticos de Jesús estaban tan disgustados que querían matarlo (5, 18)! ¿Qué era lo que tanto le molestaba de este asombroso acto de generosidad y sanación? En el fondo de esta rabia contra Jesús estaba probablemente el miedo a que alterara el statu quo y desafiara el pensamiento convencional sobre Dios y el mundo.

Quienes reconocen el poder de Dios que actúa en y a través de Jesús pueden ver este milagro de sanación como otro signo del amor y la misericordia divinos. Pero para aquellos a quienes les gusta que las cosas sean predecibles, comprensibles e incluso controlables, esta acción fue una sorpresa muy desagradable. A ese nivel, puedo identificarme con las emociones iniciales que sintieron los que se enojaron con Jesús, aunque esté completamente en desacuerdo con sus acciones. Y eso me desafía a reconsiderar cómo respondo cuando Dios me sorprende.

Meditación: ¿Hasta qué punto me aferro a mis ideas y expectativas sobre cómo puede actuar Dios en mi vida y en el mundo? ¿Me enojo cuando las cosas no salen como había planeado? ¿Hay formas en las que Dios puede estar obrando en mi vida y en las vidas de los que me rodean que no entiendo o me niego a aceptar?

Oración: Dios de las sorpresas, tú irrumpes en el patrón predecible de nuestras vidas para inspirar, desafiar y sanar. Ayúdame a acoger tu amor y tu misericordia incondicionales, especialmente cuando son inesperados.

¿Quién es Jesús?

Lecturas: Is 49, 8-15; Jn 5, 17-30

Escritura:
". . . no busco mi voluntad, sino la voluntad del que me envió". (Jn 5, 30)

Reflexión: Cada uno de los cuatro Evangelios nos ofrece una visión particular de la identidad y la misión de Jesucristo. Aunque puede resultar confuso ver variaciones entre los relatos evangélicos, la bendición de esta rica variedad es que, a través de ella, podemos apreciar mejor quién es Jesús. Por ejemplo, en el Evangelio de Mateo vemos las conexiones que Jesús tiene con su herencia judía y con los grandes profetas y líderes del pasado. El Evangelio de Lucas da un testimonio especial de la enseñanza y la predicación de Jesús, sobre todo a través de parábolas que sólo se encuentran en el relato de Lucas.

Hoy veremos con claridad cómo el Evangelio de Juan nos presenta quién es Jesús y qué significa para nosotros. La última línea del prólogo de Juan nos da una pista importante para interpretar la identidad de Jesús a lo largo de este Evangelio: "Nadie ha visto a Dios jamás, pero Dios-Hijo único, él que está en el seno del Padre nos lo dio a conocer" (Jn 1, 18). El Evangelio nos dice desde el principio que Jesús se identifica con Dios, tan cerca del Padre que es capaz de revelar la plenitud de la divinidad a través de sus palabras y obras.

El pasaje de hoy se basa en esta revelación. Jesús dice a sus seguidores que él no es un contratista independiente o un actor sin escrúpulos, sino alguien totalmente enfocado en hacer la voluntad de Dios. Todo lo que dice, todo lo que desea, todos los milagros que hace, *todo* viene de Dios. En otras palabras, si quieres saber cómo es Dios, ¡mira a Jesús!

El Evangelio de Juan reconoce plenamente la humanidad de Jesús, pero subraya que Jesús es también divino. Debemos recordar esto cuando tratemos de hacer la voluntad de Dios: ¡Jesús ya nos ha mostrado el camino!

Meditación: ¿Quién digo que es Jesús? En los Evangelios abundan las imágenes, los relatos y los encuentros que dan indicios de la identidad y la misión de Jesús. ¿Qué me sorprende hoy sobre quién es realmente Jesús?

Oración: Dios de las relaciones, entraste en el mundo como uno de nosotros para acercarte a nuestras experiencias, nuestras alegrías y nuestras luchas. Ayúdame a ver en la vida y en las enseñanzas de Jesucristo el camino para vivir tu voluntad.

¿Qué te motiva?

Lecturas: Ex 32, 7-14; Jn 5, 31-47

Escritura:
"Yo no busco la gloria que viene de los hombres . . .". (Jn 5, 41)

Reflexión: El ego es un desafío. Por un lado, todos necesitamos identidades bien establecidas que nos distingan unos de otros y nos ayuden a desarrollar límites interpersonales adecuados. Por otro lado, centrarnos en nosotros mismos puede derivar en un egocentrismo, un espíritu individualista y un deseo de afirmación personal a cualquier costo. Es probable que todos nos hayamos enfrentado alguna vez a la tentación de obsesionarnos con nosotros mismos, de inflar nuestro sentido de la importancia basándonos en la aprobación o el elogio de los demás, o de dar rienda suelta a un sentimiento de queja cuando se nos niega dicha aprobación o elogio.

En el Evangelio de hoy, Jesús habla de lo que lo motiva. Afirma claramente que su predicación, enseñanza y sanaciones no tienen que ver con su propio engrandecimiento, ni esta misión y ministerio tienen su origen en él. Por el contrario, es Dios quien lo llama a realizar estas grandes obras, y es Dios quien es la fuente de la confianza y seguridad de Jesús. Podemos ver esta motivación a lo largo de todo el ministerio terrenal de Jesús, pero especialmente en los últimos días antes de su crucifixión.

Cuando Jesús es traicionado, rechazado, injuriado, humillado y torturado por el mero hecho de amar a los demás como Dios lo ha amado y llamarnos a todos a hacer lo mismo, vemos claramente el "testimonio" de su motivación. El reto para nosotros al continuar nuestro camino cuaresmal es examinar lo que *nos* motiva. ¿Es la voluntad de Dios u otra cosa?

Meditación: Cuando tomamos decisiones sobre qué hacer o decir, a menudo nos enfrentamos a valores y motivaciones contrapuestos. ¿En qué medida la voluntad de Dios y el ejemplo de Jesús influyen en mis pensamientos, juicios y comportamientos? ¿En qué aspectos puedo crecer durante esta Cuaresma para parecerme más a Cristo en mis intenciones y mi personalidad?

Oración: Señor Jesús, seguiste la voluntad de Dios en todo lo que dijiste e hiciste. Dame la gracia de parecerme más a ti en pensamiento y obra, sin buscar la aprobación ni la gloria de los demás, sino el deseo sincero de hacer lo que Dios me pide.

No seas un "buen tipo"

Lecturas: Sab 2, 1a. 12-22; Jn 7, 1-2. 10. 25-30

Escritura:
"Tendamos una trampa al justo,
porque nos molesta y se opone a lo que hacemos . . .".
(Sab 2, 12)

Reflexión: Jesús no era un buen tipo. A primera vista, puede parecer que estoy insultando a nuestro Señor, ¡pero no es esa mi intención! Por "buen tipo" me refiero a alguien que no "agita las aguas", que no incomoda a los demás llamando la atención sobre la injusticia, que opta por callar en lugar de alzar la voz. Un "buen tipo" es alguien que, tomando prestada una frase del Evangelio de ayer, prefiere "buscar la alabanza de los hombres" (Jn 5:41).

En este sentido, Jesús difícilmente sería considerado un "buen tipo", porque claramente alteró el statu quo y "agitó las aguas" entre las autoridades. No insultó ni incitó a la violencia; no predicó otra cosa que el amor a Dios y al prójimo. Sin embargo, eso bastó para que los amenazados por su predicación y su ministerio hicieran exactamente lo que describe el libro de la Sabiduría en la primera lectura de hoy. Escrita siglos antes del nacimiento de Jesús, esta meditación sobre la mentalidad de las personas que desean silenciar a quienes "molestan" describe bien la situación de Jesús.

No ser un "buen tipo" no significa convertirse en una persona mala o mezquina. Significa no dejar que el miedo a lo que piensen los demás, o la tentación de apaciguar a los poderosos a costa de los que sufren, o el deseo de caer bien, nos impidan vivir el Evangelio de todo corazón. El discipulado no siempre es fácil, y a veces conlleva consecuencias incómodas. Es algo sobre lo que merece la pena reflexionar en nuestras últimas semanas de Cuaresma.

Meditación: Como muchos de los profetas hebreos y Juan Bautista, Jesús pagó el precio más alto por anunciar el reino de Dios y seguir la voluntad divina en su ministerio de predicación, enseñanza y sanación. Al esforzarme por vivir como un auténtico discípulo de Cristo, ¿en qué aspectos necesito crecer para parecerme más a Cristo, sin importar las consecuencias?

Oración: Dios del valor, tú nunca nos abandonas, sino que siempre nos acompañas en nuestro camino por la vida. Fortaléceme para aceptar la llamada del discipulado, para hacer lo que es justo y anunciar las Buenas Nuevas con toda mi vida, incluso cuando pueda costarme mi bienestar o mi reputación.

¿Qué haría Jesús?

Lecturas: Jr 11, 18-20; Jn 7, 40-53

Escritura:
". . . haz que yo vea tu venganza contra ellos,
porque a ti he encomendado mi causa". (Jr 11, 20)

Reflexión: El tema de las consecuencias de ser profeta continúa en las lecturas de hoy. En nuestra primera lectura, Jeremías reflexiona sobre la creciente resistencia que se levanta en respuesta a su predicación de la palabra de Dios. Anteriormente, Dios había llamado a Jeremías y le había dicho, en respuesta a su protesta inicial, que Dios lo guiaría y lo diría lo que tenía que proclamar. Así comenzó Jeremías su ministerio por encargo divino. En respuesta a ello, los que estaban en el poder se sintieron inmediatamente amenazados y comenzaron a conspirar para silenciarlo.

En respuesta a las presiones, amenazas e ira que experimentó como resultado de su ministerio profético, Jeremías muestra el deseo común que sienten aquellos que se enfrentan a la oposición o al ataque: ¡quiere venganza! Aunque esto pueda ser un sentimiento perfectamente natural, es contrario al deseo de Dios sobre cómo debemos vivir. Lo sabemos porque Dios encarnado en Jesucristo nos muestra cómo debemos actuar.

No buscar retribución por el daño que se nos ha hecho, especialmente en momentos en que nos esforzamos sinceramente por hacer lo correcto, es uno de los mayores desafíos para quienes nos vemos afectados por el pecado. Pero el ejemplo de Jesús de lo que significa ser plenamente humano desafía nuestro instinto visceral de pagar con la misma moneda, de exigir el "ojo por ojo". Jesús nos revela que la violencia y la venganza nunca son la respuesta; más bien, son la perpetuación de la injusticia y lo contrario de cómo Dios nos llama a vivir.

Meditación: Los profetas no eran inmunes al deseo de castigo y venganza, sentimientos que conocemos demasiado bien. ¿Cuáles son las formas en que me encuentro arremetiendo en pensamiento, palabra u obra contra aquellos que me han hecho daño? ¿Cuál es mi respuesta cuando otros me difaman o me desprecian? ¿Cómo me llama Dios a responder ante el odio?

Oración: Dios de la justicia, tú nos conoces mejor que nosotros mismos, por eso comprendes nuestra tentación de pagar con la misma moneda. Ayúdame a ver a los demás como tú los ves, y dame la paciencia para ser más parecido a Cristo con aquellos que me desean el mal.

Todos somos pecadores

Lecturas: Is 43, 16-21; Flp 3, 8-14; Jn 8, 1-11

Escritura:
". . . yo voy a realizar algo nuevo.
Ya está brotando. ¿No lo notan?". (Is 43, 19)

Reflexión: La predicación y el ministerio de Jesús pueden verse como un ejercicio de desafío a la autoridad. La autoridad en cuestión no es la de Dios, pues la voluntad de Dios es la única autoridad que importa a Jesús. En cambio, Jesús cuestiona regularmente la autoridad de la lógica convencional, el pensamiento de grupo y la hipocresía religiosa.

En el Evangelio de hoy, vemos cómo se desarrolla esta dinámica en el encuentro de Jesús con la mujer acusada de adulterio. Aquí vemos a Jesús desafiando tres tipos de autoridad: la lógica convencional sobre cómo tratar a las personas que cometen ofensas aparentemente graves, el pensamiento de grupo que lleva a la multitud a levantar piedras en previsión de ejecutar a esta supuesta pecadora, y el dudoso liderazgo de las autoridades religiosas que están principalmente interesadas en atrapar a Jesús en lugar de en la vida y la seguridad de la mujer que tienen ante ellos.

Pero Jesús no tiene nada de eso. No se compromete directamente con ninguna de estas personas. Se niega a entrar en su juego o en el debate público. En lugar de ello, se limita a esperarlos y luego presenta la única línea que pone al descubierto todas las formas de hipocresía: "Aquel de ustedes que no tenga pecado, que le tire la primera piedra".

Puede ser fácil reducir esta escena a un ejemplo de "ama al pecador, odia el pecado". Pero esa interpretación no hace justicia al profundo examen de conciencia que Jesús nos presenta. La cuestión es que *todos* somos pecadores. Ninguno de nosotros es digno de tirar una piedra, real o simbólica, a otra persona porque cada uno, a su manera, ha pecado y sigue pecando. La orden de "vete y ya no vuelvas a pecar" es tanto para cada uno de nosotros como para esta mujer.

Meditación: Para la mayoría de nosotros, es fácil señalar con el dedo a otro, juzgar su pecado, y alejarse sintiéndose superior. Pero Jesús nos desafía a mirar más bien a nuestros propios corazones y comportamientos. ¿Aceptaré su desafío?

Oración: Dios de la verdad, dame la gracia de examinar mi vida y reconocer las formas en que peco contra ti en la manera en que me trato a mí mismo, a los demás y a la creación.

Una luz que nos guía y nos cambia

Lecturas: Dn 13, 1-9. 15-17. 19-30. 33-62 o 13, 41-62; Jn 8, 12-20

Escritura:
"Yo soy la luz del mundo". (Jn 8, 12)

Reflexión: La luz es una imagen tan interesante en el Evangelio de hoy, ya que Jesús se refiere a sí mismo como "la luz del mundo". La luz puede entenderse literalmente, como los rayos del sol o el ambiente luminoso de una chimenea encendida, pero también puede entenderse metafóricamente, como la iluminación de la mente o la presentación de una idea brillante. La luz proporciona dirección y perspectiva, y permite aprender y comprender.

Ambas concepciones de la luz sirven como metáforas útiles cuando pensamos en cómo actúa Jesús en nuestras vidas. Él es, como dice en otro lugar del Evangelio de Juan, "el Camino, la Verdad y la Vida" (Jn 14, 6). Jesús es la clave para saber adónde ir, ya que ilumina nuestro camino, y nos ayuda a comprender lo que es bueno y verdadero mediante la iluminación de nuestra mente.

A medida que nos acercamos a la gran Vigilia Pascual, es útil recordar cómo esa sagrada liturgia comienza en una oscuridad casi total. Al encender un fuego, bendecir una vela y compartir la llama, crece nuestra capacidad de ver a nuestro alrededor y cambia nuestra forma de relacionarnos con lo que nos rodea. Poco después oímos la proclamación de la sabiduría de la Escritura, que ilumina nuestras mentes y corazones, cambiando nuestra forma de pensar sobre nosotros mismos, el mundo y Dios. Cristo es una luz que nos guía y nos cambia: nos muestra el camino, nos muestra quiénes estamos llamados a ser.

Meditación: Al reflexionar sobre la metáfora de la luz, ¿qué pienso que me guía en el camino de mi vida? ¿Avanzo por la vida como alguien que tropieza en la oscuridad? ¿Miro a Cristo para que ilumine mi camino y mi mente, o recurro a otras fuentes o guías?

Oración: Creador de la luz, enviaste al Verbo Eterno para mostrarnos el camino y guiar nuestro camino por la vida. Ayúdame a dirigirme a Cristo y guíame hacia donde tú quieras que vaya.

¿Ya llegamos?

Lecturas: Nm 21, 4-9; Jn 8, 21-30

Escritura:
. . . pero por el camino, el pueblo se impacientó y murmuró contra Dios y contra Moisés . . . (Nm 21, 4-5)

Reflexión: "¿Ya llegamos?" ¿Qué padre en un largo viaje familiar por carretera no ha oído esa frase pronunciada de boca de un niño en el asiento trasero? El aburrimiento, la frustración y el desasosiego se apoderan de los viajeros a medida que el viaje se alarga. Esta impaciencia es el tipo de actitud que me viene a la mente cuando pienso en la escena del libro de los Números de nuestra primera lectura de hoy.

Dios, a través de Moisés, ha liberado al pueblo elegido del cautiverio en Egipto, pero el viaje hacia la Tierra Prometida está siendo muy largo. O al menos es mucho más largo de lo que a la gente le gustaría. Según las Escrituras, Dios se frustra con las quejas del pueblo de Israel y, en lo que podría considerarse un ejemplo extremo de "¡Ya me cansaron! ¡Voy a dar la vuelta!", castiga a los quejosos con una plaga de serpientes venenosas. Aunque Dios acaba cediendo en respuesta al reconocimiento por parte del pueblo de que se equivocaron al quejarse, ¡sigo interpretándolo como una reacción divina un poco exagerada!

Sin embargo, hay algunos temas que plantea esta historia que merece la pena considerar en nuestro propio camino en esta Cuaresma. Por ejemplo, ¿cómo reaccionamos cuando las cosas no salen como esperamos? ¿Nos quejamos como niños frustrados en un viaje por carretera, o nos tomamos el tiempo para reflexionar sobre cómo podemos confiar mejor en Dios? Este tiempo de Cuaresma es un buen momento para reflexionar sobre este tipo de preguntas y crecer, como hacen los niños, en paciencia y confianza.

Meditación: Al igual que el pueblo de Israel, cada uno de nosotros puede sentirse frustrado, impaciente y enojado por situaciones que no salen como estaban previstos. ¿Dónde podría necesitar crecer en paciencia con Dios y con los demás? ¿Cómo puedo aprovechar el tiempo que me queda de Cuaresma para desarrollar una confianza más profunda en Dios?

Oración: Creador del tiempo, puede ser difícil mantener la fe cuando las cosas no parecen alinearse con nuestras expectativas o esperanzas. Dame la gracia de confiar en ti y de reconocerte como fuente de mi fuerza y de mi esperanza.

¿Gracia barata o costosa?

Lecturas: Dn 3, 14-20. 91-92. 95; Jn 8, 31-42

Escritura:
". . . el Dios a quien servimos puede librarnos . . . y nos librará de tus manos; y aunque no lo hiciera, sábete que de ningún modo serviremos a tus dioses . . .". (Dn 3, 17-18)

Reflexión: Cuando los tres jóvenes de la primera lectura de hoy se negaron a comprometer sus convicciones religiosas adorando a un ídolo pagano y fueron arrojados a un horno encendido para morir, no estaban seguros de que fuera a ocurrir nada milagroso. Pero estos jóvenes le dicen al rey Nabucodonosor que, aunque Dios no los salve, preferirían morir antes que traicionar sus creencias. Esta famosa escena de valentía frente a la violencia me recuerda el mensaje central del libro de 1937 *El Costo del Discipulado*, escrito por el teólogo, párroco y mártir luterano alemán Dietrich Bonhoeffer.

En un momento en que el régimen nazi ganaba poder e influencia en Alemania, Bonhoeffer se propuso explorar cómo es la fe auténtica y distinguirla de la fe inauténtica o diluida. Bonhoeffer es famoso por yuxtaponerlas en términos de "gracia costosa" y "gracia barata". La gracia barata está diluida. La explica como "gracia sin discipulado, gracia sin cruz, gracia sin Jesucristo vivo y encarnado". Sin embargo, lo que Bonhoeffer denomina "gracia costosa" reconoce que vivir la vida cristiana y tomarse en serio el Evangelio tiene un costo.

Aunque no nos cueste la vida, como le ocurrió a Jesús y, en última instancia, al propio Bonhoeffer, defender nuestra fe tiene consecuencias, especialmente en lo que se refiere a la justicia y la paz en nuestro mundo. Hay una razón por la que Jesús advierte regularmente a sus seguidores de que tendrán que cargar con sus cruces y les pregunta si pueden "beber [de] la copa" de la que él bebió (Mt 20, 22). Los tres jóvenes en el horno encendido son ejemplos de cómo es en la práctica esta "gracia costosa".

Meditación: La Cuaresma es un tiempo para reflexionar sobre cómo entendemos y vivimos nuestra fe cristiana. ¿Qué hago cuando me enfrento a un conflicto entre mis creencias y lo que los demás pueden pedirme o esperar de mí? ¿Adopto sólo una "gracia barata" cuando se trata del discipulado? ¿O acepto en la práctica los retos del auténtico discipulado?

Oración: Dios de toda gracia, que nos fortaleces en el camino de la vida y de la fe, ayúdame a mantenerme comprometido con tu voluntad y a permanecer fiel a mis convicciones cristianas incluso cuando me sienta amenazado o juzgado.

¿En quién confías?

Lecturas: Gn 17, 3-9; Jn 8, 51-59

Escritura:
". . . establezco una alianza perpetua para ser el Dios tuyo y de tus descendientes . . .". (Gn 17, 7)

Reflexión: A menudo he pensado que en la raíz de la pecaminosidad humana se encuentra un cierto grado de desconfianza. Parece que no creemos que Dios quiera decir lo que dice.

En la primera lectura de hoy, Dios deja claros los términos de la alianza divina. En otras partes de la Escritura, esta relación se describe simplemente como: "Ustedes serán mi pueblo y yo seré su Dios". Lo que Dios transmite a Abram en este pasaje es su promesa de mantener el pacto indefinidamente. Entonces, ¿por qué nosotros, como familia humana, ignoramos o desestimamos continuamente la palabra de Dios? Tomando prestada una letra de Billy Joel, quizá "siempre ha sido una cuestión de confianza". Simplemente, no confiamos en Dios; nos convencemos de que sólo nosotros somos dignos de confianza. Es la misma dinámica que subyace al primer pecado humano en el Jardín del Edén, que se repite una y otra vez.

Dios es directo con la humanidad, dejando claro cuál es la posición de lo divino en relación con la creación. Dios nos invita a una vida de alegría y de relación interdependiente con nuestros semejantes y con toda la creación. Pero no nos alcanza. Quizá pensemos que todo es "demasiado bueno para ser verdad", o quizá, a cierto nivel, no nos creamos merecedores de un regalo tan grande de Dios.

El Evangelio de hoy nos recuerda que Jesús es Dios encarnado y que sus palabras y obras apuntan a la alianza ya existente con Dios. Lo único que tenemos que hacer para ser parte del reino de Dios es vivir esa alianza. Es simplemente una cuestión de confianza.

Meditación: Vivimos en la era del individualismo. Se nos dice constantemente, de forma abierta y sutil, que debemos velar por nosotros mismos primero y ayudar a los demás solo cuando nuestra comodidad, riqueza y seguridad estén garantizadas. ¿Vivo de tal manera que refleje confianza en Dios? ¿Cómo puedo fortalecer mi fe en el amor de Dios y vivir más libremente para Dios y para los demás?

Oración: Dios de la verdad y la justicia, tú siempre nos llamas a una relación más profunda contigo y entre nosotros. Dame la gracia de confiar más en ti y de vivir de modo que refleje tu amor en el mundo.

¿Cuáles son tus cimientos?

Lecturas: Jr 20, 10-13; Jn 10, 31-42

Escritura:
Tu eres mi refugio,
mi salvación, mi escudo, mi castillo. (Sal 18, 3)

Reflexión: En el Evangelio de Mateo, Jesús dice que los que lo escuchan y hacen la voluntad de Dios son como constructores prudentes que construyen sus casas sobre cimientos firmes. Por el contrario, quienes no actúan conforme a sus palabras son necios que construyen sus casas sobre arena, que no puede sostener la estructura cuando llueve, sopla el viento y se producen inundaciones (Mt 7, 24-27). Cuando oigo proclamar el salmo de hoy, es esta imagen la que me viene inmediatamente a la mente. El Salmo 18 celebra el cimiento seguro que es Dios, y nos desafía a examinar a quién o qué elegimos como cimiento de nuestras vidas.

Para algunas personas, el cimiento de la vida es la búsqueda del éxito o el renombre. Esta motivación rige su pensamiento y su toma de decisiones. Para algunas personas, el cimiento de la vida es el ansia de riqueza o poder. Se apropian de todo lo que pueden, adquiriendo más y más, priorizando sus propios deseos materiales sobre las necesidades de los demás. Y para algunas personas, el cimiento de la vida es la comodidad o la seguridad. Simplemente desean que los dejen en paz, disfrutar de su vida sin que los molesten las luchas y dificultades de los demás.

Pero los que eligen a Dios como cimiento de sus vidas ven el mundo, a sí mismos y a Dios de manera diferente. Reconocen su interdependencia inherente, su dependencia de lo divino para todo lo que es bueno y la llamada a pensar más allá de sus propios intereses y preocupaciones. Jesús es un modelo de lo que significa tener a Dios como cimiento sobre el que construir la estructura de nuestras vidas. Este modo de vida no siempre será fácil ni cómodo, pero, como nos recuerda el salmista, Dios siempre será nuestra ayuda y nuestro apoyo.

Meditación: Como cristianos, sabemos que debemos tener a Dios como cimiento y fuente de fortaleza. Pero ¿quién o qué es el cimiento real de mi vida? ¿Cuál considero que es el ancla y la motivación de mi pensamiento y comportamiento, especialmente en mi relación con los demás? ¿Dónde me invita Dios a poner nuevos cimientos esta Cuaresma?

Oración: Dios mi roca, nos demos cuenta o no, tú eres la fuente de todo lo que existe. Ayúdame a recordar que tú eres el cimiento de todo lo que soy y él que sostiene todo lo que hago.

Ninguna buena acción queda sin castigo

Lecturas: Ez 37, 21-28; Jn 11, 45-56

Escritura:
Por lo tanto, desde aquel día tomaron la decisión de matarlo. (Jn 11, 53)

Reflexión: Crecer en un hogar culturalmente (y a veces incluso estereotípicamente) irlandés-católico significó que aprendí muchos dichos antiguos de mis padres y abuelos. Los dichos más populares expresaban la superstición irlandesa que rondaba nuestra interpretación de muchos acontecimientos. Puede que conozcas algunos de los más importantes, como "Solo esperan a tirarnos el otro zapato" o "¡Es la ley de Murphy!". La que mejor resume el espíritu del Evangelio de hoy es "Ninguna buena acción queda sin castigo", algo que oía a menudo cada vez que alguien hacía una gentileza que resultaba contraproducente, o cuando se correspondía a la generosidad con indiferencia o incluso hostilidad.

El Evangelio de hoy retoma el relato del milagro de Jesús al resucitar a Lázaro. Este fragmento se sitúa casi en el centro del Evangelio de Juan y marca un punto de inflexión distintivo en el ministerio de Jesús. Jesús ya había estado llamando la atención negativa de las autoridades locales en respuesta a su ministerio de sanación y predicación, pero con la resurrección de Lázaro, la situación se torna más urgente y negativa. Parece que la "buena acción" de Jesús no quedará impune.

Hay, por supuesto, una notable ironía en el desprecio y eventual castigo que recibe Jesús por limitarse a cumplir la voluntad de Dios, realizar sorprendentes actos de generosidad y sanación, y predicar las buenas nuevas de la inclusión y el amor. Así que, como seguidores de Jesús, ¿por qué deberíamos esperar algo diferente? A menudo se evita esta dura verdad del discipulado cristiano. Para muchos de nosotros, ser cristiano es una identidad sencilla y poco exigente. Pero ¿en eso consiste el discipulado cristiano?

Meditación: Jesús lo hizo todo bien y fue nada menos que la máxima expresión del amor y la misericordia de Dios. Y, sin embargo, recibió desprecio y castigo en respuesta a su generosidad. ¿Qué espero que suponga seguir a Jesús? ¿Estoy dispuesto a afrontar consecuencias negativas por hacer lo correcto y proclamar el Evangelio de palabra y obra? ¿Cómo puedo seguir más de cerca a Cristo?

Oración: Dios del amor, tú nos llamas a amar como tú nos amaste primero. Jesús lo demostró a todos los que conoció, sin importarle el costo personal. Ayúdame a amar como él amó.

Las entradas importan

Lecturas: Lc 19, 28-40; Is 50, 4-7; Flp 2, 6-11; Lc 22, 14-23, 56 o 23, 1-49

Escritura:
Cristo, siendo Dios,
no consideró que debía aferrarse
a las prerrogativas de su condición divina . . . (Flp 2, 6)

Reflexión: La escena de Jesús entrando en Jerusalén montado en un burro, mientras una multitud de gente entusiasmada grita "¡Hosanna!" y pone hojas de palmera y mantos en el camino para crear un camino real, ha quedado grabada en nuestra memoria. La primera de nuestras dos lecturas evangélicas de hoy relata ese acontecimiento y nos anima a pensar en el comienzo de la última semana de Jesús en términos de exaltación y gloria. Pero, como sabemos, las cosas no saldrán como podría sugerir esta entrada. Muchos de los entusiasmados durante la celebración de la llegada de Jesús pronto lo abandonarán por miedo o confusión.

Nuestra segunda lectura de la carta de Pablo a los Filipenses describe otra entrada: no una de celebración y exaltación, de esperanza y expectación, sino, en cambio, del abrazo de Dios a la humildad y la vulnerabilidad. Es la historia de la entrada de Dios en el mundo creado como parte de ese mismo mundo, sin reservarse el poder y la perspicacia divinos tras una apariencia de pseudohumanidad, sino optando voluntariamente por renunciar a cualquier pretensión de autoridad y divinidad para hacerse simple y plenamente humano. Dios se acerca como uno de nosotros. ¿Y cuál es la respuesta de la humanidad a ese acto perfecto de amor divino? Nada menos que rechazo.

Este contraste entre dos tipos de entradas nos invita a reflexionar sobre cómo nos movemos por la vida y entramos en diversos escenarios. La abnegación divina que vemos en Filipenses nos recuerda que Dios modela un modo de ser que insiste en que los poderosos, cómodos, ricos y privilegiados renuncien voluntariamente a tal grandiosidad para entrar en una mayor solidaridad con toda la familia humana.

Meditación: Dios elige libremente vaciarse del poder y control que son exclusivos de la divinidad para hacerse vulnerable y estar en comunión con todas las personas. ¿Cuáles son las áreas de mi vida en las que se me invita a desprenderme, a vaciarme para poder entrar en una relación más profunda con los demás?

Oración: Dios de la humildad, tú entraste en el desorden de nuestro mundo roto y experimentaste la vida como nosotros. Ayúdame a verme a mí mismo y a los demás como tú, guíame en el camino hacia la solidaridad y la comunión.

Motivaciones diversas y autorreflexión

Lecturas: Is 42, 1-7; Jn 12, 1-11

Escritura:
Esto lo dijo, no porque le importaran los pobres . . .
(Jn 12, 6)

Reflexión: En medio de la agitación de la Semana Santa de cada año, nunca me había fijado en un comentario interesante del Evangelio de Juan que oímos proclamar hoy. Días antes de ser traicionado y ejecutado, Jesús se encuentra en casa de algunos de sus amigos más íntimos: Marta, María y Lázaro. Muchos de los seguidores de Jesús están con él, incluido Judas Iscariote. El pasaje evangélico narra la escena en la que María unge los pies de Jesús con un costoso aceite perfumado y Judas responde con indignación, alegando que le molesta que el aceite no se venda y las ganancias se utilicen para ayudar a los pobres. El narrador del Evangelio nos dice entonces que Judas no se preocupaba realmente por los pobres, sino que estaba centrado de manera egoísta en cómo podría haberse beneficiado de una entrada de dinero.

Es fácil culpar a Judas. Aunque él es la causa inmediata de la detención de Jesús, lo cierto es que los enemigos de Jesús buscaban un momento oportuno para capturarlo con o sin la ayuda de Judas. Sin embargo, este breve comentario del Evangelio sobre las motivaciones de Judas nos incita a reflexionar sobre las nuestras. ¿Por qué hacemos o decimos lo que hacemos? ¿Decimos o hacemos una cosa para guardar las apariencias (como Judas, que dice preocuparse por los pobres) pero en realidad pensamos o creemos otra cosa?

El hecho de que Jesús fuera consciente de su muerte inminente, habiendo hablado de ella con sus seguidores durante algún tiempo, sugiere que había asuntos más urgentes que reclamaban la atención de Judas. ¿Cuántas veces nos perdemos momentos importantes de la vida porque estamos centrados en nosotros mismos o enojados por tonterías? ¿Cómo podemos centrarnos en lo que realmente importa esta Semana Santa?

Meditación: Vivimos tiempos de polarización. Es fácil exaltarse por una serie de cuestiones, algunas de las cuales podrían estar justificadas. Pero también podemos sentirnos inclinados a la indignación por motivos contradictorios o incluso falsos. Al reflexionar sobre mi propia vida, ¿en qué necesito parecerme más a María y menos a Judas?

Oración: Dios, me conoces por dentro y por fuera. Fortaléceme para mirar en mi interior y examinar mis motivaciones, guíame para hablar y actuar con integridad, y dirígeme para seguir tu voluntad.

¿Redes sociales o profecía?

Lecturas: Is 49, 1-6; Juan 13, 21-33. 36-38

Escritura:
". . . te voy a convertir en luz de las naciones,
para que mi salvación llegue
hasta los últimos rincones de la tierra". (Is 49, 6)

Reflexión: En la era de los *influencers* de las redes sociales y las estrellas virales de Internet, existe una tensión palpable entre el atractivo de la fama y el discipulado profético que Dios espera de nosotros. Es interesante ver cuántos jóvenes (¡y algunos no tan jóvenes!) anhelan un enorme reconocimiento y aprobación pública. Este deseo de fama o celebridad suele estar relacionado con una determinada visión del éxito, que supuestamente conducirá a la felicidad. Aquellos que se presentan como modelos de este tipo de éxito (los que tienen millones de seguidores en las redes sociales, por ejemplo) parecen tener vidas agradables y lujosas, y desde luego *no* difíciles o dolorosas.

En lo que se conoce generalmente como el segundo Canto del Siervo Sufriente, el profeta Isaías proclama al pueblo de Israel un camino muy diferente para convertirse en "luz de las naciones" del que se presenta en las redes sociales contemporáneas. En primer lugar, se asume la realidad del sufrimiento real. No es fácil vivir de acuerdo con la esperanza que Dios tiene para nosotros, especialmente cuando ello exige sacrificar los deseos individuales, las comodidades, el poder y la riqueza por el bien de la comunidad en general. En segundo lugar, el camino para llegar a ser "luz de las naciones" está marcado por la voluntad de Dios y no por nuestras propias ambiciones. En tercer lugar, la recompensa es, como señala Isaías, llegar a un punto en el que ya no dependemos únicamente de nosotros mismos, sino en el que "Dios fue [nuestra] fuerza".

Esta forma de pensar es contraintuitiva en nuestra época. Pero al seguir adentrándonos en el camino hacia el Calvario esta semana, continuamos reflexionando sobre lo que guía nuestros corazones, mentes y acciones.

Meditación: Nuestras lecturas de hoy no nos dicen que Dios quiera que suframos, sino que una auténtica relación con Dios y con los demás requiere una apertura a la posibilidad de la dificultad, el rechazo y el sufrimiento. ¿En qué me encuentro resistiendo a la llamada de Dios? ¿Qué puedo hacer en estos días que quedan de Semana Santa para responder mejor a la voluntad de Dios?

Oración: Dios del amor, tú nunca nos abandonas ni nos dejas solos en el sufrimiento. Dame el valor de ser mejor discípulo, de elegir las necesidades de la comunidad por encima de mis propios intereses individuales, para que pueda ser una verdadera luz en un mundo empañado por la oscuridad.

¿"Miércoles del Espía" o espejo de la realidad?

Lecturas: Is 50, 4-9a; Mt 26, 14-25

Escritura:
"¿Cuánto me dan si les entrego a Jesús?". (Mt 26, 15)

Reflexión: Siempre he sentido cierta debilidad por Judas Iscariote. No estoy defendiendo sus acciones, ni en algún modo estoy haciendo de Judas un héroe. Creo que es responsable de sus actos. Pero también creo que la forma en que lo han demonizado sin sutilezas no le hace justicia ni a él, ni a Jesús, ni a nosotros.

Vale la pena recordar que Jesús vio algo en Judas, hasta el final. Judas formaba parte del círculo íntimo de Jesús, presente cuando viajaba e invitado a discusiones y comidas en momentos muy importantes de la vida de Jesús, incluidos sus últimos días. Algunos han dicho que Judas estaba simplemente equivocado, que simplemente quería presionar a Jesús para que se convirtiera en el Mesías que Judas imaginaba que era y no en el Mesías que Jesús era en realidad. Pero no creo que esa explicación nos ayude a apreciar plenamente el papel que Judas desempeña para nosotros hoy.

A veces se denomina a este día "Miércoles del Espía" por el pasaje del Evangelio de hoy que narra el acuerdo de Judas para traicionar a Jesús. Nunca me ha gustado ese título porque creo que coloca convenientemente toda la culpa en Judas, como si fuera un chivo expiatorio. En cambio, hoy debemos afrontar la incómoda verdad de que no somos tan diferentes de Judas. En lugar de imaginar que Judas era una especie de espía o un malvado agente secreto, tomémoslo como un auténtico seguidor de Jesús que, aunque bienintencionado, comete errores y no entiende cómo ser un auténtico discípulo.

En el caso de Judas se trata de una traición literal, pero para cada uno de nosotros hay momentos en los que comprometemos lo que creemos en beneficio de nuestros propios intereses. A veces nos convencemos de que estamos haciendo lo correcto, pero al final, dejamos un rastro de dolor y traición. Tal vez no seamos tan diferentes de Judas después de todo.

Meditación: ¿De qué maneras traiciono a Jesús? ¿Cuándo antepongo mi interés personal, mi ambición, mi comodidad o mi seguridad a mi llamada al discipulado cristiano?

Oración: Dios de la misericordia, tú conoces el corazón de todas las personas. Ayúdame a ver las formas en que actúo como Judas, y dame la gracia de inclinar mi oído para escuchar siempre a tu Hijo.

Somos el cuerpo de Cristo

Lecturas: Ex 12, 1-8. 11-14; 1 Cor 11, 23-26; Jn 13, 1-15

Escritura:
"Esto es mi cuerpo, que se entrega por ustedes. Hagan esto en memoria mía". (1 Cor 11, 24)

Reflexión: Uno de los sermones más influyentes jamás predicados sobre la Eucaristía fue pronunciado por san Agustín de Hipona hace más de mil seiscientos años. Pienso en este sermón cada Jueves Santo, cuando conmemoramos la institución de la Eucaristía.

En el "Sermón 272" de Agustín, el gran doctor de la Iglesia desentraña la teología del *Corpus Christi*: el Cuerpo de Cristo. Comienza afirmando que lo que aparece como pan y vino a los sentidos del cuerpo es reconocido como la presencia sacramental de Cristo a los sentidos de la fe: "Lo que se ve tiene forma corporal; lo que se entiende posee fruto espiritual".

Pero Agustín no se detiene ahí. Continúa explicando: "Por tanto, si quieres entender el cuerpo de Cristo, escucha al Apóstol, que dice a los fieles: 'Vosotros sois el cuerpo de Cristo y sus miembros' (1 Co 12, 27). En consecuencia, si vosotros sois el cuerpo de Cristo y los miembros de Cristo, sobre la mesa del Señor está el misterio que sois vosotros mismos y recibís el misterio que sois vosotros. A lo que así respondéis con el 'Amén' y con vuestra respuesta lo rubricáis

. . . Sé miembro del cuerpo de Cristo, para que sea auténtico el 'Amén'".

San Agustín reconoció que, además de la presencia sacramental de Cristo en el pan y el vino, el cuerpo de Cristo se hace presente en sus miembros: tú y yo. Cuando proclamamos "Amén" en la Comunión, no es sólo una afirmación de la presencia de Cristo en la Eucaristía, sino también una afirmación de la presencia de Cristo en la asamblea de los fieles. De este modo, san Agustín recuerda a sus oyentes "sed lo que veis" y "recibid lo que sois" en cada celebración de la Eucaristía.

Meditación: Puede ser más fácil decir "Amén" a las especies eucarísticas que a la presencia de Cristo en nuestro prójimo. ¿Dónde necesito estar más atento a la presencia de Cristo?

Oración: Dios de la vida, que nos alimentas con la presencia de Cristo en la Eucaristía y nos das alimento para el camino de la fe, abre mis ojos para ver a Cristo en los que me rodean y para recordar que somos el cuerpo de Cristo en este mundo.

Estamos allí

Lecturas: Is 52, 13-53, 12; Heb 4, 14-16; 5, 7-9; Jn 18, 1-19, 42

Escritura:
Inicuamente y contra toda justicia se lo llevaron.
¿Quién se preocupó de su suerte? (Is 53, 8)

Reflexión: Es habitual que los fieles canten el clásico espiritual negro "¿Estabas allí?" el Viernes Santo. La melodía sombría, reflexiva, incluso inquietante, nos resulta familiar a muchos de nosotros, y la letra nos invita a imaginarnos al pie de la cruz en este día tremendo y terrible: ¿Estabas allí cuando crucificaron a mi Señor? ¿Estabas allí cuando crucificaron a mi Señor? A veces me hace temblar, temblar, temblar. ¿Estabas allí cuando crucificaron a mi Señor?

A vivir dos milenios después de la ejecución pública de Jesús de Nazaret, podríamos encontrarnos respondiendo a la pregunta central de este himno con un inequívoco "no". No, no estábamos allí cuando crucificaron al Señor. No, no estábamos allí cuando lo clavaron en la cruz, ni cuando el sol se oscureció. Pero eso sólo es cierto si pensamos en el Viernes Santo de forma limitada y literal.

Aunque el asesinato de un hombre inocente que también era Dios encarnado es el tema central de la liturgia de hoy, la injusticia de lo que ocurrió en el Gólgota nos desafía a pensar en nuestro tiempo en las muchas formas en que Cristo sigue siendo crucificado. ¿Dónde estamos cuando los gobiernos siguen ejecutando a personas condenadas por delitos? ¿Dónde estamos cuando miembros de determinadas razas, etnias, religiones, sexualidades o géneros son acosados, maltratados o incluso asesinados? ¿Dónde estamos cuando toda la vida de este planeta se ve amenazada, los refugiados climáticos son ignorados o abandonados, y diversas especies se ven obligadas a extinguirse?

Cristo sigue siendo crucificado hoy en estas y otras formas de violencia e injusticia. Este Viernes Santo, podríamos pensar en este himno de manera diferente. De hecho, asistimos a la crucifixión del Señor en nuestra propia época.

Meditación: ¿"Tiemblo, tiemblo, tiemblo" tanto por los que son tratados con injusticia y violencia en nuestra época como por Jesús de Nazaret? ¿Cómo podría ver mejor la conexión entre lo que le ocurrió a Jesús y lo que ocurre en el mundo de hoy? ¿Cómo me llama Dios a responder?

Oración: Dios de vivos y muertos, nunca abandonas a aquellos que has amado al darles la existencia. Ayúdame a ver las formas en que tu Hijo sigue siendo crucificado, y fortaléceme para luchar contra esa injusticia de cualquier manera que pueda.

La espera en el Tiempo Ordinario

Lecturas: Vigilia Pascual: Gn 1, 1-2, 2 o 1, 1. 26-31a; Gn 22, 1-18 o 22, 1-2. 9a. 10-13. 15-18; Ex 14, 15-15, 1; Is 54, 5-14; Is 55, 1-11; Bar 3, 9-15. 32-4, 4; Ez 36, 16-17a. 18-28; Rom 6, 3-11; Lc 24, 1-12

Escritura:

Busquen al Señor mientras lo pueden encontrar,
invóquenlo mientras está cerca . . . (Is 55, 6)

Reflexión: Para muchas personas, el Sábado Santo es un momento extraño e incómodo. Existe la tentación de pasar demasiado deprisa del dolor del Viernes Santo a la celebración de la Pascua. Por ello, intento centrarme en la primera parte del día en lugar de pasar rápidamente a la gran Vigilia Pascual.

Una fuente de inspiración que me ha ayudado a encontrar sosiego en el Sábado Santo es el gran teólogo jesuita del siglo XX Karl Rahner. En su libro de 1969 *La Gracia como libertad*, ofrece una breve reflexión sobre este momento distintivo de nuestro año eclesiástico: "El Sábado Santo es un día extraño, misterioso y silencioso. Es un día sin liturgia. Se trata, por así decirlo, de un símbolo de la vida cotidiana que es un medio entre el terror abismal del Viernes Santo y la exuberante alegría de la Pascua. Porque la vida ordinaria también está en su mayor parte entre las dos, en el centro que también es una transición y sólo puede ser esto".

Entonces, ¿cómo vivir en el "día extraño" que describe Rahner? El reto puede ser encontrar a Dios en lo ordinario, incluso cuando parece difícil o Dios parece ausente. Isaías nos exhorta en la gran liturgia de esta tarde a "Buscar al Señor" e invocar a Dios. Quizá de eso se trate hoy principalmente. Es una oportunidad para practicar la búsqueda de Dios en los momentos cotidianos que pasan desapercibidos, buscando fielmente al Señor en medio de los momentos intrascendentes de la vida cotidiana. Tal vez al hacerlo, el carácter misterioso y silencioso de este día resulte menos extraño, y Dios se haga más reconocible en nuestra vida cotidiana.

Meditación: En una época ruidosa y llena de distracciones como la nuestra, el silencio y la quietud pueden ser un reto. El Sábado Santo es un día particularmente tranquilo, que nos invita a descubrir y pasar tiempo con Dios. ¿Qué me impide "buscar al Señor" en el día a día? ¿Evito el silencio, la quietud y la tranquilidad? ¿Cómo podría vivir el Sábado Santo de forma diferente este año?

Oración: Dios del silencio, la Escritura nos recuerda que no te encuentras necesariamente en los eventos excepcionales de la historia, sino en el susurro silencioso de la vida ordinaria. Dame la gracia de buscarte donde te encuentre y descansar en la quietud de tu paz.

20 de abril:
Domingo de Pascua: La Resurrección del Señor

Encontrar a Jesús en el camino

Lecturas: Hch 10, 34a. 37-43; Col 3, 1-4 o 1 Cor 5, 6b-8; Jn 20, 1-9 o Lc 24, 1-12 o 24, 13-35

Escritura:
. . . habían reconocido a Jesús al partir el pan. (Lc 24, 35)

Reflexión: Durante las últimas semanas hemos caminado juntos, preparándonos para este día de celebración mediante la oración, el ayuno y la limosna. Hemos reflexionado sobre la Sagrada Escritura y examinado nuestras conciencias, esforzándonos por ser mejores discípulos de Jesucristo.

Quienes asistieron a la Vigilia Pascual o participaron en la liturgia de la mañana de Pascua escucharon el relato evangélico del descubrimiento del sepulcro vacío. Pero la mayoría de la gente no sabe que la Iglesia incluye otro relato del Evangelio para quienes celebran una liturgia pascual por la tarde. Este relato no trata del sepulcro vacío, sino de lo que sucede más tarde, cuando dos discípulos se alejan de Jerusalén y se encuentran con un forastero en el camino (Lc 24, 13-35).

Conocida como la aparición en el camino de Emaús, esta historia siempre me ha parecido un gran Evangelio de Pascua. Mientras que los relatos del sepulcro vacío expresan un momento histórico importante en el corazón de nuestra fe, el relato de Emaús revela la manera continua y personal en que Cristo sigue acercándose a nosotros. La experiencia de los dos discípulos es fácil de entender: están preocupados por la noticia de la ejecución de Jesús y, por lo tanto, no se dan cuenta de que Cristo resucitado está literalmente a su lado. ¿Cuántas veces estamos absortos en nuestra vida cotidiana, en los altibajos de nuestras propias experiencias, de tal manera que no podemos ver cómo Cristo está a nuestro lado?

Lo que llegamos a aprender es que nuestros ojos se abren a la presencia de Cristo ya en medio de nosotros a través de la Sagrada Escritura y la Eucaristía. Como pueblo pascual, nos sentimos ricamente bendecidos cuando nos reunimos en comunidad, donde Cristo sigue desgranando la Palabra de Dios a través del Espíritu Santo y se nos entrega en el don de la Eucaristía.

Meditación: Dios nos llama a ser un pueblo de resurrección, a vivir la alegría que celebramos hoy todos los días de nuestra vida. Cristo ya está cerca de nosotros, caminando con nosotros, ayudándonos a ver la voluntad y el amor de Dios por nosotros. ¿Qué me impide reconocer la presencia de Cristo? ¿Cómo puedo vivir la alegría pascual todos los días?

Oración: Dios de la resurrección, el poder de tu amor es más grande que la muerte. Abre los ojos de mi corazón para reconocer cómo Cristo se acerca mientras camino por la vida. Fortalece mi fe para que pueda vivir mejor la alegría pascual.

Referencias

Introducción

Merton T. (1965). *Seasons of Celebration: Meditations on the Cycle of Liturgical Feasts* (Tiempos de celebración: Meditaciones sobre el ciclo de las fiestas litúrgicas). Nueva York: Farrar, Straus & Giroux. (p. 113).

Papa Francisco. (2013). *Evangelii Gaudium,* La alegría del Evangelio. Ciudad del Vaticano: Libreria Editrice Vaticana. (p. 6).

28 de marzo: Viernes de la tercera semana de Cuaresma

Papa Francisco. (7 de abril de 2013). Homilía de la Misa Papal para la toma de posesión de la Cátedra del Obispo de Roma. Basílica de San Juan de Letrán.

30 de marzo: Cuarto domingo de Cuaresma

Papa Francisco. (2015). *Laudato Si',* Sobre el Cuidado de la Casa Común. Ciudad del Vaticano: Libreria Editrice Vaticana. (p. 5). Además, se citó al Papa Juan Pablo II, Audiencia General, 17 de enero de 2001.

9 de abril: Miércoles de la quinta semana de Cuaresma

Bonhoeffer D. (1963). *The Cost of Discipleship* (El costo del discipulado) (2.ª ed.). Nueva York: Macmillan. (p. 47).

17 de abril: Jueves Santo

Agustín de Hipona, Sermón 272; disponible en earlychurchtexts .com

18 de abril: Viernes Santo

Barton, W. E. (1899). *Old Plantation Hymns: A Collection of Hitherto Unpublished Melodies of the Slave and the Freedman, with Historical and Descriptive Notes* (Colección de melodías inéditas de esclavos y libertos, con notas históricas y descriptivas) (1.ª ed.). Espiritual negro titulado: "Were You There (When They Crucified My Lord)?" ["¿Estabas allí (cuando crucificaron a mi Señor)?"]. Boston: Lamson, Wolffe. (p. 40).

19 de abril: Sábado Santo y Vigilia pascual

Rahner K. (1969). *Grace in Freedom* (La Gracia como libertad). Nueva York: Herder and Herder. (p. 124).